AF185799

ELISABETH ENGLER

LIMONADE, SIRUP UND SLUSH
AUS DEM THERMOMIX®

DIE 70 BESTEN REZEPTE

TM5
&
TM31

Tragen Sie sich jetzt unter
www.thermomix-fans.de für unseren
Newsletter ein und erhalten Sie
kostenlose Rezepte und Infos
zu neuen Veröffentlichungen!

Bibliografische Information der Deutschen Nationalbibliothek
Die Deutsche Nationalbibliothek verzeichnet diese Publikation in der Deutschen National-
bibliografie. Detaillierte bibliografische Daten sind im Internet über http://d-nb.de abrufbar.

Für Fragen und Anregungen:
info@rivaverlag.de

Wichtige Hinweise
Sämtliche Inhalte dieses Buches wurden – auf Basis von Quellen, die die Autorin und der Verlag
für vertrauenswürdig erachten – nach bestem Wissen und Gewissen recherchiert und sorgfältig
geprüft. Alle Rezepte in diesem Buch wurden für den Thermomix® TM5 entwickelt und mit
diesem getestet. Bitte beachten Sie: Der Mixtopf des Thermomix® TM5 ist größer als der des
TM31 (Kapazität von 2,2 Litern anstatt 2,0 Liter beim TM31). Daher dürfen aus Sicherheitsgründen
die Rezepte aus diesem Buch nur dann mit dem TM31 nachgekocht werden, wenn die Mengen
angepasst wurden. Achten Sie auf die Füllstandsmarkierungen und überschreiten Sie die maxima-
le Füllmenge nicht. Der Verlag und die Autorin haften für keine nachteiligen Auswirkungen, die
in einem direkten oder indirekten Zusammenhang mit den Informationen stehen, die in diesem
Buch enthalten sind. Thermomix® ist ein eingetragenes Warenzeichen der Vorwerk & Co. KG.
Diese Publikation ist kein offizielles Lizenzprodukt der Vorwerk & Co. KG.

Ausschließlich zum Zweck der besseren Lesbarkeit wurde auf eine genderspezifische Schreib-
weise sowie eine Mehrfachbezeichnung verzichtet. Alle personenbezogenen Bezeichnungen sind
somit geschlechtsneutral zu verstehen.

Originalausgabe
2. Auflage 2021

© 2017 by riva Verlag, ein Imprint der Münchner Verlagsgruppe GmbH
Türkenstraße 89
D-80799 München
Tel.: 089 651285-0
Fax: 089 652096

Alle Rechte, insbesondere das Recht der Vervielfältigung und Verbreitung sowie der Übersetzung,
vorbehalten. Kein Teil des Werkes darf in irgendeiner Form (durch Fotokopie, Mikrofilm oder ein
anderes Verfahren) ohne schriftliche Genehmigung des Verlages reproduziert oder unter Verwendung elektronischer Systeme gespeichert, verarbeitet, vervielfältigt oder verbreitet werden.

Redaktion: Eva Siegmund
Umschlaggestaltung: Laura Osswald
Umschlagabbildungen: Africa Studio/Shutterstock.com (Slush mit Kirschen); aliasemma/
Shutterstock.com (Holunderblütensirup); Karaidel/Shutterstock.com (Pfirsichlimonade);
Elisabeth Engler (Schoko-Himbeer-Slush, Anis-Zitronen-Sirup)
Satz: inpunkt[w]o, Haiger (www.inpunktwo.de)
Druck: Florjancic Tisk d.o.o., Slowenien
Printed in the EU

ISBN Print 978-3-7423-0166-6
ISBN E-Book (PDF) 978-3-95971-618-5
ISBN E-Book (EPUB, Mobi) 978-3-95971-617-8

Weitere Informationen zum Verlag finden Sie unter

www.rivaverlag.de

Beachten Sie auch unsere weiteren Verlage unter www.m-vg.de

INHALT

Limonade 57

Slush 79

Vorwort

Dass wir alle zu wenig trinken, ist den meisten von uns bewusst. Ärztlich empfohlen werden etwa 2 l Flüssigkeit, wobei ein Teil bereits mit der Nahrung aufgenommen wird. Trotzdem bleiben immer noch 1,5 l übrig. Und seien wir mal ehrlich: Das schaffen viele nicht, oder zumindest nicht immer und jeden Tag.

Im Sommer fällt es uns zumindest leichter, unsere Trinkmenge höher zu halten, man bewegt sich mehr, schwitzt mehr (weil es zumindest hoffentlich heiß ist) und man lässt sich gerne mit einem eisgekühlten Getränk verwöhnen.

Und damit ein solches nicht nur ein Genuss sondern auch noch gleichzeitig gesund ist, stellen wir es am besten selbst her – in unserem Küchenwunderfreund.

Denn damit werden frische Früchtchen, feine Gewürze und leckere Kräuter zu einem feinen Drink, der uns erfrischt, den Feierabend versüßt, die Pause verlängert, unser Immunsystem anregt oder uns einfach nur gut in den Tag starten lässt.

Ideal: Wir steuern die Menge an Zucker, die wir in unseren Drink mischen, selbst. Eigenverantwortlich und nach unserem Geschmack. Und wer seinen Zuckerkonsum reduzieren will, kann den Zucker bei den meisten Rezepten (im Sirup-Kapitel angegeben) ersetzen.

Auf alle Fälle sind unsere selbst hergestellten Getränke um Längen besser als gekaufte Limonaden und Softdrinks und wesentlich gesünder – für die ganze Familie.

Übrigens lassen sich die meisten Sirupkonzentrate auch auf Vorrat herstellen und somit können wir selbst nach Monaten noch unsere Sehnsucht nach dem Sommer mit seinen wunderbaren Düften und Aromen stillen.

Und jetzt geht es erst einmal los: Let's mix together!

Elisabeth Engler

Tipps für den Umgang mit dem Thermomix®

1. Mixtopf und Deckel nach dem Sirupkochen sofort auswaschen! Die Frucht-Zucker-Masse klebt sonst sehr lästig, wenn man sie eintrocknen lässt. Außerdem können Fruchtsäuren die Dichtungen beschädigen, wenn sie zu lange im Mixtopf sind.

2. Beim Pulverisieren von Zucker oder Gewürzen verteilt sich das feine Pulver in der Regel überall im Mixtopf. Mit einem Spatel lässt es sich schlecht nach unten schieben, vor allem bei kleineren Mengen. Da hilft ein Küchenpinsel. Unter den Messbecher noch ein Küchenpapiertuch stecken, dann kommt der feine Zuckerstaub nicht durch. Vor dem Öffnen des Mixtopfes etwas warten, bis sich der Staub gelegt hat.

3. Die eingebaute Waage ist nicht immer genau, für das Abwiegen von sehr kleinen Mengen, zum Beispiel bei Gewürzen, empfiehlt sich eine externe Digitalwaage (mit 1-g-Schritten).

4. Der Mixtopf wird gerade beim Einkochen von Zuckerhaltigem wie Sirup extrem heiß! Deshalb bitte den Deckel sehr vorsichtig öffnen. Der heiße Dampf, der aus dem Mixtopf steigt, kann böse Verbrennungen hervorrufen!

5. Praktischerweise lässt sich Gekochtes direkt aus dem Mixtopf gut ausgießen. Doch sehr Heißes oder Kochendes nur durch einen Trichter (siehe Seite 12) in Flaschen abfüllen – so vermeidet man Verbrennungen und Kleckern!

6. Wird heißes Gargut im Mixtopf püriert, schützt normalerweise der Messbecher (MB) vor dem Herauspritzen. Ist der Mixtopf sehr voll oder das Gargut recht schwer, könnte es dennoch zu gefährlichen kleinen Spritzern kommen. Daher entweder den Messbecher (mit einem Tuch dazwischen) beim Mixen festhalten oder ein Tuch darauflegen.

7. Beim Reduzieren von Säften darf der Messbecher nicht aufgelegt werden, sonst kann der Dampf nicht heraus. Um dennoch vor Spritzern geschützt zu sein, einfach den Garkorb auf den Deckel des Mixtopfs stellen (Angabe im Rezept: »mit aufgesetztem Garkorb«).

8. Sollte der Inhalt doch stärker überkochen, als der Rand des Deckels fassen kann (am besten immer dabeibleiben!), hilft es zumeist, die Stufe kurz zu erhöhen und dann wieder zu reduzieren. Gerade beim TM31, der einen etwas kleineren Mixtopf hat, kann dies vorkommen. Kocht dennoch Gargut über, etwas davon abschöpfen.

9. Der Messbecher misst gefüllt 100 ml, halb gefüllt (Markierung) 50 ml Inhalt. Er wurde in vielen Rezepten daher als Hilfe zum Abmessen verwendet – das geht meist noch schneller als Abwiegen.

10. Sollte sich einmal unerwünschter Schaum beim Kochen von Früchten bilden, kocht man während der letzten 3–4 Minuten im Linkslauf.

11. Lassen Sie Ihre Kinder gerne beim Sirupkochen helfen – sie bekommen einen besseren Bezug zu dem, was sie zu sich nehmen, und werden es noch mehr schätzen. Auch sind sie gerne beim Einsammeln von Früchten oder Blüten dabei. Doch beim Abfüllen und Hantieren mit Kochendheißem darf man sie nicht allein lassen!

Grundsätzliches zu Sirup und Zucker

Um einen guten Sirup als Grundstoff für unsere Limonaden, Bowlen und Slushes zu erhalten, der nicht einfach nur süß schmeckt, sondern auch im verdünnten Zustand noch ein kräftiges Fruchtaroma behält, müssen wir zunächst einmal ein Fruchtkonzentrat herstellen.

Bei den meisten Säften erreichen wir dies durch das Reduzieren auf der Varomastufe: Ein Teil der Flüssigkeit verdampft, während die Aromastoffe und Fruchtrückstände in konzentrierter Form erhalten bleiben. Der dann hinzugefügte Zucker (oder Zuckerersatzstoff) sorgt für die nötige Süße und konserviert gleichzeitig (z. B. Xylit – Stevia hat keine die Haltbarkeit verlängernde Wirkung).

Mischt man sich dann einen Drink mit Saft, Wasser, Sprudel, Wein etc. zusammen, verdünnt man so das Konzentrat wieder. Überraschenderweise verdünnen die meisten Menschen, je öfter sie selbst gekochten Sirup trinken, immer stärker – sogar Kinder verwenden stetig weniger davon.

Xylit (E967, Xylitol)

Dieser Zuckerersatzstoff wird (nicht ohne den Einsatz von chemischen Stoffen) grob gesagt aus Zellulose hergestellt, z. B. aus finnischen Birkenhölzern oder aus Mais. Er enthält etwa 40 % weniger Kalorien als herkömmlicher Zucker, hat positive Auswirkungen auf die Zähne und ist sogar gut gegen Karies (deshalb wird er oft in Zahncremes und Kaugummis verarbeitet). Eine mögliche vorbeugende Wirkung gegen Osteoporose wird derzeit wissenschaftlich erforscht. Die Verstoffwechselung verläuft für Diabetiker günstiger als bei Zucker, weil es den Blutzucker- und Insulinspiegel nur in geringerem Maße beeinflusst.

Xylit hat ähnliche Back- und Kocheigenschaften wie Zucker (karamellisiert aber erst ab 200 °C) und schmeckt auch fast gleich – je nach Produkt mit einem ganz leichten kühlenden Effekt. Seine Süßkraft entspricht beinahe der von Zucker (etwa 2 % weniger).

Doch bei der Verwendung von Xylit bitte aufpassen: Für Hunde ist dieser Stoff extrem giftig bis tödlich (für Katzen allerdings nicht), außerdem kann der sogenannte »Birkenzucker« auch Durchfall verursachen. Meist gewöhnt sich der Darm nach einiger Zeit daran, ansonsten nicht zu viel davon zu sich nehmen. Genaue Empfehlungen zur Verzehrmenge wurden nicht gefunden, wer unter plötzlichen Blähungen und Durchfall leidet, sollte erst einmal das Xylit wieder reduzieren und nur langsam steigern. Ein kompletter Austausch von Zucker durch Xylit ist nicht zu empfehlen!

Xylit schmilzt bei etwa 94 °C, löslich ist es aber bereits bei niedrigen Temperaturen. Es wirkt hydroskopisch, also Wasser entziehend, was zum einen bewirkt, dass es zum Verklumpen neigt (was nicht weiter schlimm ist, es lässt sich ohne Qualitätsverlust wieder zerteilen), zum anderen sehr vorteilhaft für die Herstellung von solchem Sirup ist, bei dem man Früchte statt mit Zucker mit Xylit mischt und mehrere Stunden lang Saft ziehen lässt. Bitte nicht für Kinder unter 2 Jahren verwenden. Für unsere Sommerlimonaden ein gut geeigneter Zuckerersatz.

Stevia (Inhaltsstoff Steviosid, E960)

Stevia rebaudiana ist eine Pflanze, die einen hohen Anteil an einem extrem süßen Wirkstoff, dem sogenannten Steviosid und Rebaudiosid A, in ihren Blättern hat. Dieser wird meist mit Lösungsmitteln extrahiert, gebleicht, oftmals entbittert, kristallisiert oder wieder aufgelöst und als Tabs, Pulver oder Stevia-Flüssigsüße, manchmal auch gemischt mit anderen Süßungsmitteln, verkauft. Auch hier finden also weitreichende chemische Prozesse statt. Im Grunde genommen könnte man die Blätter als Tee bereits zum Süßen verwenden, doch da tritt die problematische Seite von Stevia schnell ans Licht: der Nachgeschmack. Von vielen nicht nur als bitter, sondern auch als unangenehm empfunden, wird die Verwendung der unbearbeiteten Steviablätter verworfen. Man muss testen, ob ein Produkt im Verkauf ist, das einem schmeckt. Einen Versuch ist es auf alle Fälle wert, denn Stevia enthält keine (!) Kalorien, macht also nicht dick und übt keinerlei Einfluss auf den Zuckerstoffwechsel aus, weshalb es natürlich auch ideal für Diabetiker ist. In der EU wurde der aus Stevia gewonnene Süßstoff erst 2011 als Lebensmittel zugelassen, während Stevia in Asien bereits seit 1940 zum Einsatz kommt.

In Südamerika wird Stevia bereits seit Langem als medizinisches Kraut gegen Bluthochdruck, Übergewicht, Karies und bei leichteren Herzproblemen verwendet. Wikipedia.de vermerkt hierzu: »Untersuchungen in Brasilien und Japan zeigten, dass bei einem Konsum von weniger als 38,5 mg Steviosid je kg Körpergewicht und Tag keine Toxizität zu erwarten ist.«

Eine 70 kg schwere Person sollte dauerhaft nicht mehr als etwa 0,7 g (700 mg) Steviosidkonzentrat zu sich nehmen, was der Süßkraft von 200 g Zucker entspricht (ausgehend von der 200-fachen Süßkraft von Zucker; Herstellerangaben).

Kindern unter 2 Jahren gebe ich kein Stevia, da ich nicht weiß, wie es eventuell auf sie wirkt. Ansonsten ist es, sofern der Geschmack stimmt, hervorragend zum Süßen von Getränken geeignet.

Erythrit (E968)

Dieser Zuckerersatzstoff kommt zwar auch in der Natur vor (z. B. in Erdbeeren, Pistazien und Pflaumen), wird aber von der Lebensmittelindustrie durch eine Fermentation von Zucker (in Form von Glucose und Saccharose) mithilfe von osmophilen Pilzen hergestellt.

Erythrit enthält keine Kalorien, süßt allerdings nur etwa 70 % so stark wie Zucker (das Süßempfinden ist jedoch individuell). Wie auch Xylit und Stevia ist es positiv bei der Kariesprophylaxe zu bewerten; zudem verursacht Erythrit meist weniger Darmprobleme in der Umstellungsphase.

Der Geschmack wird als unterschiedlich angenehm empfunden, denn zuerst schmeckt es auf der Zunge etwas kühlend, bevor die Süße kommt. Danach hat es keinen Beigeschmack mehr.

Der Preis ist derzeit noch relativ hoch, da, um die exakte Süßkraft zu erreichen, 1,3 kg Erythrit gegenüber 1 kg Zucker nötig wären und der Kilopreis viel höher liegt als der von Zucker.

Leider kann auch Erythrit für Hunde (und für Fruchtfliegen) tödlich wirken.

Für die Herstellung von Likören ist Erythrit ungeeignet, da es sich in Ethanol schlecht löst. Es wirkt auch nicht hydroskopisch, was für die Herstellung von Sirup aus Früchten schade ist. Aus diesem Grund wird der Gebrauch von Erythrit in den hier aufgeführten Rezepten nicht empfohlen. Doch dies soll jeder für sich entscheiden, probieren Sie es ruhig einmal aus – aber eher bei Rezepten, in denen Sirup aus Saft oder Wasser gekocht wird. Für die Sommerdrinks dagegen eignet sich Erythrit als kalorienfreie Variante durchaus. Achten Sie jedoch (besonders bei Kindern) darauf, dass nicht zu viel davon getrunken wird, sonst kann es zu Blähungen und Durchfall kommen.

Bitte nicht für Kinder unter 2 Jahren verwenden.

Haltbarkeit

Die hier aufgeführten Sirupe werden entweder noch kochend heiß abgefüllt oder enthalten einen hohen, konservierenden Zuckeranteil. Damit sind sie recht lange haltbar. Einmal angebrochene Flaschen bitte im Kühlschrank aufbewahren und zügig aufbrauchen.

Konkrete Angaben zur Haltbarkeit lassen sich jedoch nicht machen, ich habe schon Sirupe der gleichen Charge sowohl monatelang aufheben können als auch nach wenigen Wochen entsorgen müssen, weil sie zu gären begannen.

Flaschen, die beim Öffnen säuerlich, hefeartig und gärig riechen, müssen entsorgt werden! Ebenso Flaschen, bei denen sich Schimmel absetzt.

Dennoch halten sich die meisten Sirupe bis zu einem Jahr, wenn man sauber arbeitet und das Zucker-Frucht-Verhältnis in etwa bei 1:1 liegt. Keine Angst: Das fertige Getränk selbst enthält dann gar nicht mehr so viel Zucker, da der Sirup stark verdünnt wird.

Die Limonaden und Slush-Getränke dagegen sind nicht zum Aufheben gedacht. Sie werden kurz vor dem Verzehr hergestellt und frisch getrunken. Verwendete Früchte enthalten somit ihre ganzen Vitamine und Inhaltsstoffe. Das in den Slushes enthaltene Eis schmilzt im Sommer sowieso recht schnell. Die Limonadenkrüge nicht in die Sonne stellen, am besten abdecken und vor unerwünschten Insekten (vor allem Wespen und Bienen!) schützen.

Einkochen von Sirup

Verwenden Sie nur sauber gespülte, geruchsfreie (eventuell mit Essigwasser ausspülen) Flaschen.

Eigentlich genügt das Waschen der Flaschen in der heißen Spülmaschine (bei 70 °C). Wer jedoch ganz sichergehen will, der sterilisiert die Flaschen vor dem Gebrauch: 10 Minuten in den vorgeheizten Backofen (120 °C) stellen, darin auskühlen lassen und dann gleich verwenden. Auch das Befüllen vor Kochbeginn mit kochendem Wasser, das man in der Flasche lässt, bis sie benötigt wird, ist eine gute und zeitsparende Methode.

Beim Einfüllen immer mit einem Edelstahltrichter arbeiten. Dieser ist im Gegensatz zu den meisten Kunststofftrichtern absolut hitzebeständig. Zuckerlösungen werden extrem heiß, das heißt, Spritzer auf der Haut führen schnell zu Verbrennungen. Da der Sirup meist heiß durch den dünnen Flaschenhals abgefüllt wird, ist ein Trichter unerlässlich.

Beim Abfüllvorgang bitte Fenster und Türen schließen, bei Zug kann es zu Spannungen im Glas kommen, bei denen Flaschen springen könnten. Die Flaschen nach dem Einfüllen sofort gut verschließen, eventuell mit einem Geschirrtuch abdecken. Das typische »Plopp-Geräusch« (meist nach 30–60 Minuten) zeigt an, dass sich in der Flasche ein Vakuum gebildet hat. Dadurch verlängert sich die Haltbarkeit noch einmal.

Verwenden Sie ruhig gebrauchte, saubere und geruchsneutrale Flaschen. Nur rostige Stellen im Deckel gehen gar nicht! Sie würden den Sirup ungenießbar machen. Besonders kleinere Flaschen mit 200 bis 300 ml Inhalt sind gut geeignet, denn einmal geöffnet, sollte man den Sirup zügig aufbrauchen. Auch sind unsere Sirupe begehrte Geschenke – mit denen man aber eher, wie Sie sehen werden, etwas geizt, wenn die Saison vorbei ist und man bis ins nächste Jahr warten muss, um wieder welche herzustellen (besonders bei Blütensirup – viele Früchte gibt es bereits als TK- oder Importware ganzjährig).

Zeitangaben in diesem Buch

Die Zeitangaben bei den Rezepten beziehen sich nur auf die reine Arbeitszeit; Einkoch-, Kühl- und Ziehzeiten sind nicht mitgerechnet.

LECKERER DIY-SIRUP

· · · · · · · · · · · · ·

Wer einmal mit dem Kochen von Sirup beginnt, kommt so schnell nicht mehr davon los! Denn unser DIY-Sirup hat bis auf den Namen kaum etwas mit den meisten käuflichen Sirupprodukten gemeinsam, diese bestehen hauptsächlich aus viel Farbe, Wasser und Zucker und enthalten dafür kaum natürliche Aromen.

Unser Sirup ist ausgesprochen vielseitig – einfach mit spritzigem oder stillem Wasser nach Gusto aufgegossen, ergibt er ein preiswertes und feines Getränk. Für einen noch besseren Kühleffekt an heißen Sommertagen ergänzen wir dieses mit Eiswürfeln oder Crushed Ice.

Aber unser Sirup ergibt nicht nur einfache Limo: Er schmeckt auch fantastisch aufgegossen mit Sekt, Prosecco oder Wein, gibt komplexeren Sommergetränken und Bowlen eine aromatische Abrundung und verfeinert Slushes, Granitas, Eiscreme, Desserts, Kuchen …

Kristallzucker löst sich gerade in kalten Getränken nur unwillig auf – unser Sirup dagegen ist sofort einsatzfähig und bringt die feinsten Aromen mit. Wer kann da noch widerstehen?

Holunderblütensirup

⏱ **10 Minuten**

Zutaten für 2,2 l

1,5 l Wasser

1,5 kg Zucker

20 voll erblühte, große Holunderblütendolden

3 Bio-Zitronen

1. Wasser und Zucker in den Mixtopf wiegen. **20 Min./100 °C/Stufe 2/ mit aufgesetztem Garkorb** zu einem Sirup kochen.

2. Holunderblütendolden nach Käfern durchsuchen, dicke Stiele abschneiden, in eine große Schüssel geben.

3. Zitronen heiß abwaschen, abtrocknen und in dünne Scheiben schneiden. Zu den Blüten geben.

4. Zuckersirup noch warm darübergießen. Abgedeckt 3 Tage lang an einem kühlen Ort ziehen lassen.

5. Danach durchfiltern und abfüllen. Bei Verwendung der hier angegebenen Zuckermenge muss der Sirup nicht aufgekocht werden, was die feinen Aromen schont. Wer dennoch ganz sicher gehen will, kocht den gefilterten Sirup in 2 Portionen **10 Min./Varoma/Stufe 1.5/mit MB** auf und füllt ihn dann noch heiß in saubere Flaschen ab.

Spätestens mit der Erfindung des beliebten Sommercocktails »Hugo« begann die Renaissance dieses in Vergessenheit geratenen Blütensirups. Er eignet sich nicht nur für leckere Sommerdrinks und Limonaden, sondern auch zum Süßen und Aromatisieren von Desserts, Eis, Kuchen und Konfitüren und ist der Sommersirup schlechthin!

Nach dieser Anleitung lässt sich auch ein sehr feiner Akaziensirup herstellen (aber auch Gänseblümchensirup und Fliederblütensirup – echten Flieder, nicht Schmetterlingsflieder verwenden!). Verwenden Sie dazu 0,7–1 l frische Blüten der Scheinakazie (Litermaß oder Schüssel verwenden).

Waldgeisterdrink

⏱ **5 Minuten**

Zutaten für 1,1 l

1 MB Waldsirup (siehe Seite 24)

0,7 l Weißwein, trocken

2 EL Limettensaft

½ – 1 MB Grappa

200 g Eiswürfel

Im Mixtopf 1 MB Waldsirup mit 0,7 l trockenem Weißwein, 2 EL Limetten-saft, ½ –1 MB Grappa und 200 g Eiswürfeln **10 Sek./Stufe 10/mit MB** mixen. Gleich in Gläser füllen und servieren.

Flower-Power-Drink

⏱ **5 Minuten**

Zutaten für 0,3 l

2 MB weißer Rum (am besten Rhum Agricole)

3 EL Hibiskusblütensirup (siehe Seite 25)

1 kleines Stück Ingwer

200 g Eiswürfel

Rum und Sirup in den Mixtopf abmessen. Etwa 1 cm Ingwer schälen, mit einer Reibe eine teelöffelgroße Menge dazureiben. Eiswürfel dazuschütten, alles **10 Sek./Stufe 10/mit MB** crushen. In die Gläser füllen und servieren.

Hugo classic

⏱ **5 Minuten**
Zutaten für 1 l

4 Triebspitzen frische Minze

2 Limetten mit essbarer Schale

200 g Eiswürfel

1 MB Holunderblütensirup
   (siehe Seite 14)

0,75 l Prosecco

einige Limettenscheiben zum
   Garnieren

Variante:

Für etwas weniger Alkoholgehalt
   ersetzt man 0,25 l Prosecco durch
   spitziges Mineralwasser oder verwendet gleich einen alkoholfreien
   Prosecco.

1. Die Minzblätter zwischen den Fingern leicht zerrebeln und anquetschen, damit sich das ätherische Öl gut entfaltet. In den Mixtopf geben.

2. Limetten abwaschen, abtrocknen, vierteln.

3. Limettenviertel mit den Eiswürfeln und dem Sirup in den Mixtopf geben und **10 Sek./Stufe 4/Linkslauf/mit MB** auspressen (so presst man die Limetten aus; falls die Eiswürfel recht groß sind, nochmals wiederholen, aber nicht länger, sonst wird das Ganze bitter).

4. Mit dem Prosecco aufgießen und **5 Sek./Stufe 3/mit MB** mischen. In Gläser abfüllen (evtl. vorher die Limettenviertel entfernen) und mit Limettenscheiben garnieren.

Löwenzahnblütensirup

- -

🕐 **20 Minuten**

Zutaten für 1,6 l

1 l frisch gepflückte Löwenzahnblüten

1 kg Wasser

1 kg Rohrohrzucker

1 Vanilleschote

1 Bio-Zitrone

Variante:

Wer mag, kocht 20 g klein gehackten
   Ingwer mit.

1. Löwenzahnblüten nicht waschen, sondern nur ausschütteln, grüne Teile abzupfen und die Blüten in den Mixtopf geben.

2. Wasser und Zucker darüberwiegen. Vanilleschote in Stücke schneiden.

3. Zitrone waschen, abtrocknen, die Schale mit einer Reibe abnehmen, Saft auspressen. Schale und Saft sowie die Vanillestücke zugeben. Alles **20 Min./100 °C/Stufe 1.5/ohne MB** kochen. In eine Schüssel umschütten und über Nacht abgedeckt stehen lassen. Mixtopf spülen.

4. Anderntags durch ein Tuch filtern und gleich in Flaschen füllen oder vorher nochmals **10 Min./100 °C/Stufe 1.5/ohne MB** aufkochen und heiß abfüllen.

Berühmt schon in der Volksheilkunde für seine gesundheitsfördernden Eigenschaften, schafft es der Löwenzahnblütensirup sicherlich auf die Liste Ihrer Favoriten!

Sammeln Sie bitte nicht an befahrenden Wegen oder auf gespritzten Wiesen und Feldern.

Zum Abzupfen der Blütenblätter Einmalhandschuhe überstreifen, die Pollen verfärben sonst die Hände!

Falls sich das Messer im Mixtopf schlecht dreht (kann bei großen Blüten vorkommen), auf Turbostufe 2 Sek. mixen, aber nicht pürieren.

Besonders lecker in einer feinen Wildkräuterbowle; diese sieht besonders schön aus, wenn man in Eiswürfel eingefrorene Blüten und Kräuter verwendet!

Waldmeister-Fizz

· ·

🕐 **5 Minuten**
Zutaten für 0,35 l

1 MB Gin oder Wodka

2–3 EL Waldmeistersirup
   (siehe Seite 28)

4 EL Zitronensaft

6 Eiswürfel

1,5–2 MB Mineralwasser spritzig

Gin, Sirup und Zitronensaft mit den Eiswürfeln im Mixtopf **10 Sek./Stufe 10/mit MB** mixen. Durch ein Sieb in Longdrinkgläser abgießen, mit Mineralwasser aufspritzen und sofort servieren.

Birnensirup mit Lavendelduft

· ·

🕐 **5 Minuten**
Zutaten für 0,6 l

1 l Birnensaft (Direktsaft)

1 Bio-Zitrone

1 EL Lavendelblüten

400 g Zucker

1. Birnensaft im Mixtopf **45 Min./Varoma/Stufe 1.5/mit aufgesetztem Garkorb** einkochen.

2. Zitrone waschen, abtrocknen, Schale mit einer Reibe abnehmen und Saft auspressen. Beides sowie die Lavendelblüten und den Zucker zum Birnensaft geben. **6 Min./100 °C/Stufe 2/ohne MB** kochen, dann **10 Min./Stufe 1/ohne MB** ziehen lassen. Durch ein Sieb in Flaschen gießen.

Dieser Sirup gelingt auch mit Erythrit statt Zucker.

Zitronensirup pur

⏱ 15 Minuten
Zutaten für 1 l

10 Bio-Zitronen
Wasser
800 g Zucker

Mit frisch aufgeschnit-
tenen Zitronenscheiben,
Wasser und Eiswür-
feln serviert ein
erfrischender Genuss –
nicht nur im Sommer!

1. Zitronen heiß abwaschen und abtrocknen.

2. Von 3 Zitronen die Schale mit einer Reibe abnehmen, alle Zitronen aus-pressen und Fruchtfleisch ausfiltern.

3. Saft in den Mixtopf abwiegen, mit Wasser auf 700 g verlängern.

4. Zucker und Zitronenschale dazugeben, **25 Min./37 °C/Stufe 2/ohne MB** rühren. Somit bleiben die Vitamine (zumindest für einige Tage) erhalten. Wer den Sirup länger aufheben will, lässt ihn **12 Min./100 °C/Stufe 2/ ohne MB** kochen. Dann abfüllen.

Klarer Bananen-Karamell-Sirup

⏱ **10 Minuten**

Zutaten für 0,5 l

2 reife Bananen (350 g)
350 g brauner Rohrohrzucker
½ MB sehr heißes Wasser
3 ½ MB Wasser
50 g Zitronensaft

Alternativ den Karamellsirup im Thermomix® zubereiten:
Zucker in den Mixtopf geben, **5 Min./120 °C/Sanftrührstufe/ohne MB** schmelzen. Dann ½ MB sehr heißes Wasser (am besten sogar kochendes Wasser) tröpfchenweise durch die Deckelöffnung (wichtig, sonst wird der Zucker sofort hart und kann das Messer beschädigen!) hinzugeben. Wenn alles gelöst ist, 1 weiterer MB heißes Wasser langsam hinzugeben. Danach wie bei 2. beschrieben weiterkochen.

1. Banane schälen, in Stücke schneiden, 130 g abwiegen, beiseitestellen.

2. 50 g vom Zucker in einem kleinen Kochtopf zum Schmelzen bringen. Mit dem heißen Wasser ablöschen, 1 Minute wallend kochen lassen.

3. Dann mit 1 MB Wasser aufgießen, unter Rühren aufkochen, beiseitestellen.

4. Restlichen Zucker und übriges Wasser sowie den etwas abgekühlten Karamellsirup in den Mixtopf geben. **3 Min./100 °C/Stufe 2/ohne MB** zum Kochen bringen, durch die Deckelöffnung (dann spritzt es nicht hoch) die Bananenstücke sowie den Zitronensaft hinzugeben. **15 Min./110 °C/Sanftrührstufe/ohne MB** kochen.

5. Durch ein mit einem Tuch ausgelegtes Sieb passieren, dabei nicht zu fest drücken, es soll nur der klare Sirup ausgefiltert werden, dann sofort abfüllen.

6. Wer ein intensiveres Bananenaroma möchte, füllt den frisch gekochten Sirup mit den Bananenstücken in eine Schüssel um und lässt ihn noch 1 Tag lang abgedeckt an einem kühlen Ort ruhen. Dann erst klar filtern, nochmals kurz aufkochen und heiß abfüllen.

Der Sirup schmeckt fein auch über Pfannkuchen, Pudding oder Eis.

Als Getränk mit Kokoswasser, Ananas- oder Orangensaft aufgießen und Crushed Ice dazugeben oder zum Süßen von Milchmixgetränken und Smoothies verwenden.

Super geeignet zum Mixen von Cocktails!

Waldsirup aus Fichtennadeln

⏱ **10 Minuten**
Zutaten für 0,35 l

60 g Fichtentriebe

1 ½ MB Wasser

1 MB Roter-Johannisbeer-Saft
(alternativ Wasser)

250 g Rohrohrzucker

1. Fichtentriebe säubern (eventuell verholzte Teile entfernen). Ältere, stärkere Triebe müssen kurz gehackt werden: **10 Sek./Stufe 7/mit MB**.

2. Restliche Zutaten in den Mixtopf geben und **90 Min./90 °C/Stufe 1/ ohne MB** rühren.

3. Dann **5 Min./Varoma/Stufe 1/ohne MB** aufkochen. Durch ein feines Sieb mittels Trichter in eine Flasche füllen und verschließen.

Etwa im Mai sind die jungen, zarten Triebe der Fichten bereit zum Pflücken. Wenn es nicht die eigenen sind, bitte erst beim Besitzer nachfragen und niemals nur von einem einzigen Baum nehmen, um ihm nicht zu schaden! Für den Sirup kann man aber auch die älteren Nadeltriebe von Fichte, Tanne oder Kiefer im Juni verwenden. Nicht mit den giftigen Eiben verwechseln!

Hibiskusblütensirup

⏱ **10 Minuten**

Zutaten für 1 l

75 g Hibiskusblüten, getrocknet (möglichst groß, aus dem Internet)

800 ml Wasser

650 g brauner Rohrohrzucker

1 EL Vanillezucker

Varianten:

Statt Wasser 800 ml Litschinektar verwenden, dann wird der Sirup milder.

Alternativ für eine kalorienreduzierte Variante mit Steviazucker zubereiten (Mischung aus Zucker und Stevia, im Supermarkt erhältlich).

1. Die Blüten in einen 1-Liter-Messbecher füllen und mit der Hälfte des Wassers aufgießen. Über Nacht ziehen lassen.

2. Anderntags durch ein Tuch auspressen, Kaltansatz auffangen, Rückstand wieder in den Messbecher schütten und mit dem restlichen Wasser aufgießen.

3. Nochmals 12 Stunden ziehen lassen, erneut absieben und auspressen.

4. Beide Ansätze nun in den Mixtopf schütten (700 g). Zucker und Vanillezucker hinzugeben und alles **15 Min./Varoma/Stufe 1.5/mit aufgesetztem Garkorb** kochen und heiß abfüllen.

Für kalte und heiße Getränke, aber auch für die Eiszubereitung und für Desserts oder Fruchtsalat.

Vorsicht, Hibiskus färbt extrem!

Sehr lecker ist der Sirup in einer erfrischend säuerlichen Bowle mit trockenem Wein und Sekt oder einfach pur mit Sekt oder Mineralwasser aufgegossen. Feines Slush-Rezept siehe Seite 92.

Erdbeer-Zitronen-Sirup

🕐 15 Minuten
Zutaten für 0,45 l

2 Bio-Zitronen
600 g Erdbeeren
250 g Zucker
2 kleine Zweige Thymian

1. Zitronen abwaschen, abtrocknen, Schale mit einer Reibe abnehmen, Saft auspressen.

2. Erdbeeren mit kaltem Wasser abbrausen, Grünes wegschneiden, in Stücke schneiden (etwa vierteln).

3. Mit dem Zucker, dem Zitronensaft, der Zitronenschale und dem abgezupften Thymian in den Mixtopf geben.

4. **99 Min./Stufe 0.5/ohne MB** rühren. Der Zucker hat sich jetzt aufgelöst.

5. Ein feines großes Sieb auf eine Schüssel mit ca. 1 l Fassungsvermögen stellen, die Erdbeermasse hineinschütten. Über Nacht bzw. etwa 10 Stunden abtropfen lassen. Lediglich sanft mit dem Rücken eines Suppenlöffels passieren, damit nicht zu viele Schwebstoffe in den Sirup gelangen. Nochmals durch ein sehr feines Sieb in den Mixtopf geben. **8 Min./Varoma/Stufe 1.5/ohne MB** aufkochen. Heiß in saubere Flaschen abfüllen.

6. Schmeckt am besten während der ersten 2 Monate.

Sie werden staunen: sicherlich der leckerste Erdbeersirup, den Sie je probiert haben!

Ein feiner Erdbeerlikör: Den leichteren Sirup etwa 1:2 oder 1:1 (je nach Geschmack) mit Grappa oder Wodka auf die gewünschte Stärke mischen.

Statt Thymian kann man auch Basilikum, Minze oder Melisse verwenden. Wer Vanille sehr gerne mag, gibt 1 EL echten Vanillezucker gleich zu Beginn zu den Erdbeerstücken.

Rhabarber-Kirsch-Sirup

🕐 30 Minuten
Zutaten für 0,7 l

350 g Rhabarberstangen (ohne Blatt)

1 Prise gemahlene Vanille

3 Kaffirlimettenblätter (alternativ
   1 Stange Zitronengras, in Stücken)

100 g brauner Rohrzucker

300 g weißer Zucker

400 g Kirschsaft

1. Rhabarber waschen, Enden abschneiden (schälen nicht nötig), in 1 cm lange Stücke schneiden.

2. Mit den restlichen Zutaten im Mixtopf **25 Min./100 °C/Stufe 1.5/mit MB** kochen.

3. Durch ein Sieb passieren und heiß abfüllen.

Waldmeistersirup

⏱ **5 Minuten**
Zutaten für 0,5 l

30 g Waldmeisterkraut (vor der Blüte
   geerntet)
300 g brauner Rohrohrzucker
2 ½ MB Wasser

1. Waldmeister bei Zimmertemperatur 2 Tage lang anwelken lassen, damit sich die Aromen entfalten.

2. Dann mit dem Zucker in den Mixtopf geben, **6 Sek./Stufe 10/mit MB** hacken. Mit dem Spatel nach unten schieben und wiederholen.

3. Wasser hinzuschütten, **5 Sek./Stufe 4/mit MB** mischen, **30 Min./ 37 °C/Stufe 2/mit MB** rühren. Durch ein Tuch oder einen Kaffeefilter passieren, bis keine Trübstoffe mehr vorhanden sind, dann abfüllen.

4. Hält sich kühl gelagert den ganzen Sommer lang.

Lebensmittelfarbe muss nicht sein. Da sich aber viele diesen Sirup in leuchtendem Grün vorstellen, kann man ihn noch zusätzlich mit einigen Tropfen einfärben. Wenn Zitronensaft oder -säure zugegeben wird, ändert sich die Farbe allerdings wieder.

Da Waldmeister den Wirkstoff Cumarin enthält, der bei langfristigem Verzehr leberschädigend wirkt und in hohen Dosen Kopfschmerzen auslösen kann, sollte man mit allen Waldmeistergetränken zurückhaltend sein: Also bitte nicht mehr als 2-3 Gläser und nicht über einen längeren Zeitraum trinken!

Pfefferminzsirup

5 Minuten
Zutaten für 0,65 l

50 g Pfefferminze (frische Triebspitzen, ca. 10 cm)
1 Bio-Zitrone
450 g Zucker
400 g Wasser

Die Farbe verändert sich durch die Zugabe von Zitronensaft. Wer das nicht möchte, lässt ihn weg und fügt erst beim Mischen der Minz-limonade etwas frischen Zitronensaft hinzu. Ansonsten siehe Anmerkung beim Waldmeistersirup.

1. Minze waschen, ausschütteln und mit einer Schere grob direkt in den Mix-topf schneiden.

2. Zitrone heiß abwaschen, abtrocknen, Schale mit einer Reibe abnehmen und hinzugeben. Zitrone auspressen.

3. Zucker in den Mixtopf geben, **8 Sek./Stufe 10/mit MB** hacken. Reste mit dem Küchenpinsel nach unten schieben.

4. Wasser einwiegen und Zitronensaft hinzuschütten, **5 Sek./Stufe 4/ mit MB** mischen, **50 Min./37 °C/Stufe 2/mit MB** rühren. Umfül-len und 1 Tag lang kühl stellen.

5. Dann durch ein Tuch oder einen Kaffeefilter passieren, bis keine Trübstoffe mehr vorhanden sind, und abfüllen.

6. Hält sich kühl gelagert mehrere Wochen lang.

Himbeer goes Asia

🕐 **10 Minuten**
Zutaten für 0,5 l

300 g TK-Himbeeren

330 g Zucker

2 Stängel Zitronengras

35 g Ingwer

2 MB Wasser

4 EL Limettensaft

Vermischt mit Apfel- oder Reisessig (etwa 1:12) ergibt der Sirup auch einen sehr leckeren Fruchtessig für feine Salatdressings.

1. Gefrorene Himbeeren mit dem Zucker in eine Schüssel geben, vermischen und abgedeckt an einem kühlen Ort 2 Tage lang ziehen lassen, zwischendurch immer wieder umrühren.

2. Zitronengras in 1 cm breite Stücke schneiden, Ingwer schälen und in grobe Stücke schneiden. Beides im Mixtopf **5 Sek./Stufe 5/mit MB** hacken.

3. Wasser dazugeben, dann **10 Min./100 °C/Stufe 1.5/ohne MB** kochen. Durch ein feines Sieb schütten, Sud auffangen, Rückstand mithilfe eines Löffels auspressen.

4. Himbeeren und Limettensaft dazugeben und **10 Min./100 °C/Stufe 1/ohne MB** kochen. Durch ein feines Sieb gießen, Sirup auffangen, mit einem Löffel rühren, bis keine Flüssigkeit mehr heraustropft (oder in ein Passiertuch gießen und auspressen). In eine saubere Flasche füllen.

5. Wer den Sirup länger aufheben will, kocht ihn vor dem Abfüllen erst noch einmal **6 Min./Varoma/Stufe1/mit MB** auf, bevor er ihn abfüllt.

Sauerkirschsirup

🕐 **20 Minuten**
Zutaten für 0,75 l

850 g Sauerkirschen

600 g Zucker

1 EL Vanillezucker

1 MB warmes Wasser

2 EL Zitronensaft

5 Nelken

Sehr gut eignen sich auch TK-Sauerkirschen, wenn man keine frischen bekommt (dann geht's noch fixer, 750 g verwenden!).

1. Die Kirschen in den Garkorb geben, waschen, ausschütteln. Anschließend entkernen und in eine Schüssel geben. Zucker und Vanillezucker dazugeben und gut vermischen. 2–6 Stunden abgedeckt Saft ziehen lassen.

2. In den Mixtopf umfüllen. Wasser in die Schüssel geben und sie damit »ausspülen« und anschließend mit dem Zitronensaft und den Nelken dazugeben, **20 Min./100 °C/Stufe 1/mit aufgesetztem Garkorb** rühren.

3. Durch ein feines Sieb passieren, Fruchtrückstände dabei mit der Rückseite eines Suppenlöffels sanft ausdrücken. Noch heiß in saubere Flaschen abfüllen.

Basilikumsirup

⏱ **5 Minuten**
Zutaten für 0,5 l

30 g Basilikum (Blätter und Stiele)
300 g brauner Rohrohrzucker
2 ½ MB Wasser

1. Basilikum mit dem Zucker in den Mixtopf geben, **6 Sek./Stufe 10/ mit MB** hacken. Mit dem Spatel nach unten schieben und wiederholen.

2. Wasser dazuschütten, **5 Sek./Stufe 4/mit MB** mischen. Öffnen und nachsehen, ob sich nichts um das Messer gewickelt hat, ansonsten wiederholen.

3. Dann **50 Min./37 °C/Stufe 2/mit MB** rühren. Umfüllen und 1 Tag lang kühl stellen (wird der Sirup gleich gebraucht, kann man ihn aber auch mit etwas Aromaverlust sofort verwenden). Durch ein Tuch oder einen Kaffeefilter passieren, bis keine Trübstoffe mehr vorhanden sind, dann abfüllen.

4. Kühl lagern und innerhalb von 4 Wochen aufbrauchen oder portionsweise einfrieren.

Ungewöhnlicher, schön grüner Kräuterkick für Sommergetränke und Eis, Konfitüren und andere süße Speisen.

Die Temperatur nicht über 37 °C steigen lassen, da die ätherischen Öle im Basilikum sehr flüchtig und temperaturempfindlich sind.

Mit Eis, Wasser und etwas Zitronenschale servieren.

Heidelbeersirup mit Vanille

⏱ **10 Minuten**

Zutaten für 0,5 l

600 g TK-Heidelbeeren (die aromatischeren wilden)

400 g Zucker oder Xylit

1 MB Wasser

½ TL Vanillepulver

½ TL Zitronensäure oder 2 EL Zitronensaft

1. Die Heidelbeeren mit dem Zucker in eine Schüssel geben und gut durchmischen. Mindestens 2 Stunden auftauen und Saft ziehen lassen (besser noch 1 Tag lang).

2. In den Mixtopf umfüllen. Wasser, Vanille und Zitronensäure (oder Zitronensaft) hinzugeben und **15 Min./100 °C/Stufe 1/ohne MB** kochen lassen.

3. Durch ein Sieb schütten, Sirup auffangen. Rückstand nicht zu fest auspressen – wir wollen nur den flüssigen Teil haben. Das Fruchtmus in eine Schüssel geben, beim nächsten Frühstück wie Konfitüre verwenden (bis dahin kühl stellen).

4. Den heißen Sirup in Flaschen füllen.

Das Rezept kann man natürlich auch mit frischen Heidelbeeren kochen. Die gewaschenen und verlesenen Beeren dann mit dem Zucker im Mixtopf **7 Sek./Stufe 7/mit MB** mixen, danach **90 Min./Stufe 1/ 37 °C/ohne MB** Saft ziehen lassen. Anschließend wie bei 2. beschrieben weiter.

Pfirsich-Zitronen-Sirup

🕐 **10 Minuten**

Zutaten für 1 l

1 kg Weinbergpfirsiche

750 g Zucker oder Xylit

1 MB Zitronensaft

1 EL abgeriebene Schale von
 1 Bio-Zitrone

½ TL Vanillepulver

300 g Wasser

1. Pfirsiche waschen, entkernen (nicht schälen), in mittelgroße Stücke schneiden.

2. Mit dem Zucker (oder Xylit), Zitronensaft und Schalenabrieb in den Mixtopf geben und **90 Min./37 °C/Stufe 0.5/ohne MB** rühren.

3. Durch ein Tuch oder einen Nussmilchbeutel filtern, bis der Sirup klar ist. Mixtopf spülen.

4. Sirup mit dem Vanillepulver und dem Wasser in den Mixtopf geben und **15 Min./100 °C/Stufe 1.5/ohne MB** kochen. Noch heiß abfüllen.

Feine Quittenbowle mit Minze

🕐 **5 Minuten**

Zutaten für 2 l

2 Handvoll Eiswürfel aus gefrorenem
 Quittensaft

1–2 MB Quittensirup pur
 (siehe Seite 40)

10 frische Minzblätter

0,75 l Riesling, trocken, gut gekühlt

0,75 l Sekt, trocken, gut gekühlt

1. Eiswürfel, 1 MB Quittensirup und Minzblätter in den Mixtopf geben und **10 Sek./Stufe 10/mit MB** hacken. Mit dem Spatel nach unten schieben und wiederholen.

2. In ein Bowlegefäß schütten und mit Riesling und Sekt auffüllen. Auf Wunsch nachsüßen und sofort servieren.

Schmeckt auch mit Lavendelblüten (1 EL reicht) statt der Minze!

Mandelsirup

🕐 5 Minuten
Zutaten für 0,4 l

100 g weiße Mandeln (ganz oder
  gehackt)
2 ½ MB Wasser
250 g Zucker
1 TL Vanillezucker
1 TL Bittermandelaroma, natürlich,
  oder 5 Bittermandeln (diese mit
  den süßen Mandeln einweichen)

1. Die Mandeln im Mixtopf **5 Sek./Stufe 8/mit MB** hacken.

2. Mit 2 MB Wasser in ein Glas schütten und 8–12 Stunden einweichen.

3. In den Mixtopf umfüllen und **10 Sek./Stufe 10/mit MB** mahlen.

4. Durch ein sauberes Geschirrtuch sieben, Rückstand fest auspressen. Mit ½ MB Wasser nachspülen, diesen ebenfalls absieben.

5. Zucker sowie Vanillezucker dazugeben und **12 Min./100 °C/Stufe 1.5/ ohne MB** kochen. Bittermandelaroma dazugeben, mit dem Spatel vermengen und heiß abfüllen. Bald verbrauchen.

Eignet sich besonders gut für cremige Cocktails, gibt aber auch Sommerlimonaden einen feincremigen Kick.

Auch mit braunen, also ungeschälten Mandeln schmeckt der Sirup gut, bekommt aber eine etwas dunklere Farbe und schmeckt etwas herber.

Für sogenanntes Orangeat (z. B. für Mai Thai) gibt man dem Sirup während des Kochens noch Rosenblütenwasser oder Orangenblütenwasser zu.

Gekühlt lagern und bald verbrauchen.

Kiwisirup

🕐 **10 Minuten**
Zutaten für 0,5 l

500 g Kiwis, mittelreif
400 g Zucker
½ MB Zitronensaft

Schmeckt sehr gut mit etwas Minze und mit Eiswürfeln und Mineralwasser verdünnt.

1. Kiwis schälen und vierteln.

2. Mit dem Zucker und dem Zitronensaft in den Mixtopf geben und **60 Min./ 37 °C/Stufe 1/Linkslauf/ohne MB** rühren.

3. Nun filtern: Durch ein Sieb laufen lassen. Wer die dekorativen Kerne mit drinlassen möchte, nimmt dafür ein etwas gröberes Sieb. Sonst durch einen Nussmilchbeutel ablaufen lassen, nur sanft drücken, bis der ganze Sirup ausgepresst ist.

4. In eine Flasche abfüllen und im Kühlschrank lagern, innerhalb von 4 Wochen aufbrauchen.

Brombeersirup

⏱ **5 Minuten**
Zutaten für 0,6 l

500 g Brombeeren, frisch oder TK

300 g Rohrohrzucker

1 ½ MB Wasser

Schmeckt auch mit
gemischten Waldbeeren
gekocht sehr fein!

1. Sauber verlesene Brombeeren mit dem Zucker in den Mixtopf füllen und **10 Sek./Stufe 8/mit MB** hacken. Mit dem Spatel nach unten schieben und **90 Min./37 °C/Stufe 1.5/ohne MB** rühren.

2. Durch ein feines Sieb passieren.

3. Mixtopf ausspülen, Wasser und Brombeerzuckersaft zugeben, **6 Min./Varoma/Stufe 1/ohne MB** kochen. Heiß abfüllen. Bald verbrauchen!

Pfirsichcocktail

🕐 5 Minuten
Zutaten für 0,4 l

1 Pfirsich

3 EL Pfirsich-Zitronen-Sirup
  (siehe Seite 34)

½ MB Orangenlikör

3 MB Weißwein, gut gekühlt

Minzblätter

Eiswürfel nach Belieben

1. Pfirsich schälen, entkernen, in Scheiben schneiden und wie auch die Minzblätter auf die Gläser verteilen.

2. Sirup, Likör, Weißwein und Eiswürfel in den Mixtopf schütten und **10 Sek./ Stufe 10/mit MB** mixen. Über die Pfirsichscheiben in den Gläsern schütten. Sofort servieren.

Ingwerbowle

⏱ 5 Minuten
Zutaten für 1,5 l

1 Bio-Zitrone

20 frische Minzblätter

100–150 ml Ingwer-Zitronen-Sirup
(nach Geschmack) (siehe Seite 42)

0,7 l Prosecco, trocken, gut gekühlt

0,7 l Weißwein, trocken, oder trocke-
ner Rosé, gut gekühlt

300 g Eiswürfel

1. Zitrone heiß abwaschen, abtrocknen und in dünne Scheiben schneiden, in ein Bowlegefäß geben. Minze und 50 ml Sirup darübergeben und den Weißwein (oder Rosé) darübergießen.

2. Abgedeckt 1 Stunde an einem kühlen Ort ziehen lassen. Prosecco sowie die Eiswürfel dazugeben. Nach Geschmack nachsüßen und gleich servieren.

Wer mag, gibt noch ein paar dünne Scheiben frischen Ingwer sowie Zitronen- und/oder Limettenstücke dazu.

Quittensirup pur

⏱ **5 Minuten**
(ohne Entsaften)
Zutaten für 1,1 l

1 l Quittensaft, gekauft oder selbst gemacht (Rezept siehe unten)

400 g Zucker

1 TL Zitronensäure

1 TL Orangenschalenabrieb

1 Prise gemahlene Nelken

1. Quittensaft im Mixtopf **20 Min./Varoma/Stufe 2/ohne MB** reduzieren.

2. Zucker, Zitronensäure, Orangenschalenabrieb und Nelken dazugeben und nochmals **4 Min./98 °C/Stufe 2/ohne MB** kochen. Sofort durch ein feines Sieb mittels Trichter in die vorbereiteten Flaschen abfüllen.

Quitten enthalten einen hohen Anteil Pektin. Falls der Sirup später doch ausgeliert, kann man ihn in warmes Wasser stellen, so wird er wieder flüssig.

Quittensirup passt auch perfekt in die Vinaigrette von feinen Salaten. Im Handel gibt es reinen Quittensaft vor allem in Bioläden zu kaufen.

Quitten entsaften – so geht's:

Die Quitten waschen, von den Härchen befreien und samt Schale und Kernhaus in grobe Stücke schneiden (kleine Früchte einfach nur vierteln). Diese in den Varoma-Aufsatz füllen. Den Mixtopf mit 750 g Wasser füllen. Den Garkorb einsetzen und eine passend große hitzefeste Schüssel (z. B. aus Edelstahl oder Steingut) in den Garkorb stellen. Varoma mit den Quittenstücken aufsetzen und **30 Min./Varoma/Stufe 1.5** kochen. Angesammelten Saft aus der Schüssel umgießen (evtl. mit einem Schöpflöffel, sehr heiß!), Kochwasser wieder auffüllen und wiederholen. Je nachdem, wie frisch die Früchte sind, wiederholt man dies, bis sich die Saftausbeute nicht mehr lohnt, das kann durchaus 6–8 Mal werden. So erhält man etwa 1 l Saft aus 2 kg Quitten.

Ingwer-Zitronen-Sirup

⏱ 10 Minuten

Zutaten für 0,5 l

1 Bio-Zitrone

100 g Ingwer

300 g Zucker

3 MB Wasser

2 Limetten

1. Zitrone heiß abwaschen und abtrocknen, Schale mit einer Reibe abnehmen.

2. Ingwer schälen und grob schneiden. Beides in den Mixtopf geben und **10 Sek./Stufe 5/mit MB** hacken.

3. Zucker und Wasser hinzugeben. **60 Min./70 °C/Stufe 1.5/mit MB** kochen.

4. Saft der Limetten und der Zitrone auspressen und hinzugeben. **10 Min./100 °C/Stufe 1.5/ohne MB** kochen. Durch ein Sieb passieren, in Flaschen abfüllen.

Wer mag, verwendet statt Wasser Apfel- oder Orangensaft. Auch einige Blätter frische Minze passen gut dazu (grob hacken und kurz vor dem Kochende dazugeben).

Mandarinensirup

🕐 **5 Minuten**
Zutaten für 0,5 l

750 ml Mandarinensaft, frisch gepresst
   oder Direktsaft
300 g Zucker
½ MB Zitronensaft
Mark von 1 Vanilleschote

Varianten:

Mit frisch gepresstem Saft von rosa
   Grapefruits statt Mandarinensaft
   kochen für einen Pink-Grapefruit-
   Sirup.
Mit frisch gepresstem Saft oder
   Direktsaft von Orangen
   (oder Blutorangen) statt
   Mandarinensaft kochen
   für einen Orangensirup.

1. Fruchtrückstand aus dem Saft entfernen (durch ein Tuch gießen), in den Mixtopf schütten.

2. **30 Min./Varoma/Stufe 1.5/ohne MB** reduzieren (ergibt ca. 300 ml bzw. 320 g).

3. Zucker, Vanillemark und Zitronensaft hinzugeben und **6 Min./100 °C/ Stufe 1.5/mit MB** rühren.

4. Heiß in die vorbereiteten Flaschen füllen.

Wer mag, kocht während der letzten Minuten 1 TL gehackten Rosmarin mit und filtert das Ganze dann vor dem Abfüllen durch ein feines Sieb.

Ananascocktail

⏱ **5 Minuten**

Zutaten für 0,8 l

200 g Eiswürfel

2 MB weißer Rum oder Cachaça

¾ MB Ananassirup (siehe Seite 45)

400 g Orangensaft

2 EL Limettensaft

Variante:

200 g des Orangensafts können auch durch 200 g cremige Kokosmilch (Dose vorher gut schütteln) ersetzt werden.

1. Eis, Rum und Sirup im Mixtopf **5 Sek./Stufe 10/mit MB** hacken.

2. Orangensaft und Limettensaft hinzugeben, **5 Sek./Stufe 3/mit MB** mischen, in Gläser füllen und sofort servieren. Wer mag, garniert mit ein paar Blättern frischer Minze.

Ananassirup

· ·

⏱ 15 Minuten
Zutaten für 0,6 l

1 Ananas, ca. 1,5 kg
300 g Zucker
1 Bio-Zitrone
1 EL Zucker
1 EL gehacktes Basilikum

Gelingt gut auch mit Xylit statt Zucker für die zahnschonende und kalorienreduzierte Variante (ergibt etwas mehr Sirup).

1. Ananas schälen, halbieren, in dünne Scheiben schneiden (der Strunk muss nicht entfernt werden). Diese dann fein würfeln.

2. Mit dem Zucker zusammen in den Mixtopf geben und **30 Min./37 °C/ Stufe 1/ohne MB** rühren.

3. In der Zwischenzeit die Zitrone heiß abwaschen, abtrocknen, die Schale mit einer Reibe abnehmen. Mit dem EL Zucker in eine kleine Schale geben und gründlich verrühren. 30 Minuten ziehen lassen.

4. Dem Frucht-Zucker-Gemisch hinzugeben und weitere **60 Minuten/ 37 °C/Stufe 1/ohne MB** rühren.

5. Zitrone auspressen. Saft und das gehackte Basilikum in den Mixtopf schütten und **10 Min./100 °C/Stufe 1/ohne MB** kochen. Durch ein Sieb filtern, Fruchtrückstand mit dem Rücken eines Suppenlöffels fest ausdrücken. Sirup möglichst heiß abfüllen. Kühl lagern.

Fresh Melon Punch

· ·

⏱ 5 Minuten
Zutaten für 1,5 l

1 kleine Galia- oder Zuckermelone
0,7 l Weißwein, trocken, gut gekühlt
½ – 1 MB Melonensirup (siehe
   Seite 52)
1 kleine Handvoll frische Minze
0,7 l Mineralwasser, gut gekühlt (wer es stärker mag, verwendet trockenen kalten Sekt stattdessen)

1. Die Melone halbieren, Kerne herauskratzen und entweder in gleich große Würfel (1 x 1 cm) schneiden oder mit einem Melonenausstecher kleine Fruchtkugeln ausstechen. Diese dann auf einen großen Teller geben und am besten über Nacht in den Gefrierschrank stellen. Die Kugeln bzw. Würfel sollen möglichst nicht aneinanderkleben.

2. Melone in ein Bowlegefäß geben.

3. Weißwein, Melonensirup und grob geschnittene Minzblätter im Mixtopf **5 Sek./Stufe 3/Linkslauf/mit MB** mischen, über die Melone schütten. Mit Mineralwasser (oder Sekt) auffüllen und gleich servieren.

Kalt gerührter Ingwer-Koriander-Sirup

🕐 **10 Minuten**
Zutaten für 0,4 l

100 g Ingwer
½ Bund Koriander
½ MB Zitronensaft (von 1 Zitrone)
2 MB Wasser
250 g Zucker oder Xylit

1. Ingwer schälen und grob schneiden, Koriander waschen, trockenschütteln. Mitsamt der Stängel und, falls noch vorhanden, der Wurzeln grob hacken.

2. Koriander mit den Ingwerstücken in den Mixtopf füllen und **8 Sek./Stufe 10/mit MB** hacken. Zitronensaft, Wasser und Zucker (oder Xylit) hinzugeben und **60 Min./37 °C/Stufe 1/mit MB** rühren.

3. In eine Schüssel umfüllen und 12–24 Stunden abgedeckt ziehen lassen (dann entwickelt sich der Ingwergeschmack stärker).

4. Durch ein Sieb passieren und den Sirup abfüllen. Im Kühlschrank aufbewahren, bald aufbrauchen.

Wer keinen Koriander mag oder einmal abwechseln möchte, kann diesen Sirup auch mit Minze, Melisse oder Basilikum zubereiten.

Lecker: gekühlter Eistee, gesüßt mit diesem feinen Sirup!

Sommerliche Sangria

5 Minuten

Zutaten für 1,5 l

0,7 l Rotwein, trocken

1 MB Sangriasirup (siehe Seite 49)

1 MB Orangenlikör oder Limoncello

1 Bio-Zitrone

1 Bio-Orange

200 g Erdbeeren

100 g Heidelbeeren

200 g Eiswürfel

350 ml Mineralwasser, spritzig, gut gekühlt

1. Rotwein, Sirup und Likör im Mixtopf **15 Sek./Stufe 4/mit MB** mischen.

2. Alle Früchte waschen, Beeren abtropfen lassen.

3. Schale der Zitrone und der Orange mit einem Zestenreißer in möglichst langen Streifen abziehen. Früchte schälen und in Stücke schneiden, Kerne entfernen.

4. Zitronen- und Orangenstücke in ein großes Gefäß geben, welches in den Kühlschrank passt. Mit der Rotwein-Sirup-Likör-Mischung begießen und etwa 12 Stunden zum Durchziehen in den Kühlschrank stellen.

5. Erdbeeren halbieren, mit den Heidelbeeren in die Sangria geben, nochmals 1 Stunde ziehen lassen.

6. Eiswürfel dazugeben, evtl. vorher crushen. Mineralwasser darüberschütten, sanft umrühren und sofort servieren.

Sangriasirup

⏱ 5 Minuten
Zutaten für 0,7 l

700 g Apfelsaft, ungesüßt

1 MB Zitronensaft

2 MB Orangensaft, ungesüßt

1 Stange Zimt

500 g Zucker

1. Die Säfte in den Mixtopf geben und **40 Min./Varoma/Stufe 2/mit aufgesetztem Garkorb** einkochen.

2. Zimtstange in kleine Stücke brechen, mit dem Zucker dazugeben. **8 Min./ 100 °C/Stufe 1.5/ohne MB** kochen.

3. Durch ein feines Sieb mithilfe eines Trichters direkt in Flaschen abfüllen.

Wenn es einmal ganz schnell gehen soll: Beerensangria: 1 MB Sangriasirup, 0,7 l Rotwein, 1 MB Orangenlikör mit Eiswürfeln im Mixtopf **2 Sek./Turbostufe/mit MB** hacken, wiederholen, bis die gewünschte Konsistenz erreicht ist. Mit 0,3 l Mineralwasser **10 Sek./Stufe 3/ mit MB** mischen. In 4–5 Gläser verteilen, jeweils ein paar Beeren nach Wunsch hinzugeben und servieren.

spice it up! Chai-Sirup

🕐 **5 Minuten**
Zutaten für 0,4 l

3 Stangen Zimt

16 Nelken

5 Kardamomkapseln

1 Sternanis

2 Vanilleschoten

300 g brauner Rohrohrzucker

350 g Wasser

Zuckerfreie Variante:

Anstelle des Rohrzuckers 250 g Xylit verwenden (oder Erythrit). Dann die gemahlenen Gewürze mit 100 g Xylit (oder Erythrit) und Wasser **35 Min./100 °C/Stufe 1.5/ohne MB** kochen. Umschütten und 4 Stunden ziehen lassen. Durch ein Sieb filtern. Diesen Sud in den gespülten Mixtopf geben und das restliche Xylit (oder Erythrit) hinzufügen. **6 Min./100 °C/Stufe 1/ohne MB** einkochen. Sofort heiß abfüllen.

1. Zimt auf eine Arbeitsfläche legen, mit einem Tuch abdecken und mit dem Fleischklopfer grob zerklopfen. Zimtstücke in den Mixtopf geben. Nelken, Kardamom und Sternanis dazugeben.

2. Vanilleschoten in Stücke schneiden. Mit 100 g Zucker zu den anderen Gewürzen geben und **10 Sek./Stufe 8/mit MB** mahlen.

3. Restlichen Zucker und Wasser einwiegen und **30 Min./100 °C/Stufe 1.5/ohne MB** kochen.

4. Umschütten und die Gewürze noch 2 Stunden im Sirup ziehen lassen.

5. Durch ein feines Sieb filtern, bis die Trübstoffe entfernt sind. In saubere Flaschen abfüllen.

Ein bisschen Weihnachten geht immer! Sie werden sich wundern, wie gut auch in den Sommermonaten eine feine kalte Milch, ein Chai-Eistee, eine Eisschokolade oder Eiskaffee mit diesem leckeren Sirup schmeckt!

Melonensirup

🕐 **10 Minuten**

Zutaten für 0,6 l

1 kleine Cantaloupe-Melone, möglichst reif

400 g Zucker

2 MB Limettensaft

1 EL Orangenabrieb

1. Die Melone halbieren, Kerne herauskratzen und in große Stücke schneiden. 500 g abwiegen.

2. Mit dem Zucker, dem Limettensaft und der Orangenschale **10 Sek./Stufe 10/mit MB** mixen. Dann **60 Min./Stufe 1/ohne MB** rühren.

3. Durch einen Nussmilchbeutel oder ein feines Sieb passieren, dabei nur den Sirup auffangen und nicht fest auspressen.

4. Mixtopf spülen, Sirup wieder einfüllen. **15 Min./Varoma/ohne MB** kochen, heiß abfüllen. Bald verbrauchen.

Anis-Zitronen-Sirup

🕐 10 Minuten

Zutaten für 0,6 l

2 ½ EL Anissamen

1 Sternanis

2 Bio-Zitronen

400 g Zucker

300 g Wasser

Varianten:

20 g geschälten und grob geschnittenen Ingwer mitkochen.

Statt Zitronensaft Grapefruitsaft und Zitronenschale verwenden.

Wasser durch trockenen Weißwein ersetzen (nicht für Kinder geeignet).

1. Anis und Sternanis im Mixtopf **10 Min./120 °C/Stufe 0.5/ohne MB** (**10 Min./Varoma/Stufe 0.5/ohne MB**) rösten.

2. Zitronen abwaschen, abtrocknen, mit einer Reibe die Schale abnehmen und Saft auspressen.

3. Zitronenschale und 100 g Zucker in den Mixtopf geben, **10 Sek./Stufe 10/ mit MB** mahlen.

4. Restlichen Zucker und Wasser hinzugeben und **35 Min./90 °C/Stufe 2/ ohne MB** rühren.

5. Zitronensaft hinzugeben. Durch ein Sieb filtern, danach nochmals durch ein Tuch laufen lassen, um die Trübstoffe zu entfernen.

6. Mixtopf spülen, Sirup hinzufügen und **8 Min./Varoma/Stufe 1/ ohne MB** einkochen, heiß in Flaschen füllen.

Earl-Grey-Sirup

🕐 **5 Minuten**
Zutaten für 0,6 l

2 geh. EL Earl-Grey-Tee oder
   12 Teebeutel
4 MB Wasser
400 g Krümelkandis

Varianten:

Statt Earl Grey andere Schwarztee-
   sorten wie malzigen Assam oder
   feinen Darjeeling verwenden. Auch
   Grüntee oder Mate eignen sich.
Kräutertees wie Rosmarin, Thymian
   oder Kamille statt schwarzen Tee
   verwenden. Ziehdauer dafür auf
   10 Minuten verlängern.
Statt Zucker Xylit oder Erythrit
   verwenden.

1. Wasser zum Kochen bringen, Tee in eine Kanne geben und mit dem Wasser übergießen. 2.30 Minuten ziehen lassen, dann durch ein sehr feines
   Sieb abgießen bzw. Teebeutel entfernen, mithilfe einer Küchenzange die
   heißen Beutel ausdrücken.

2. Kandis im Mixtopf **10 Sek./Stufe 10/mit MB** hacken. Etwas warten,
   bis sich der »Zuckernebel« gelegt hat, dann 400 g heißen Tee einwiegen.

3. **15 Min./100 °C/Stufe 1/ohne MB** kochen. Heiß in Flaschen abfüllen.

Der Tee kann natürlich auch im Thermomix® zubereitet werden: Wasser **7 Min./100 °C/Stufe 1/ohne MB** kochen, Tee-
blätter durch die Deckelöffnung hinzugeben und **2.30 Min./
Stufe 0.5/ohne MB** ziehen lassen, durchsieben. Mixtopf sauber
ausspülen und abtrocknen.

Für Eistee mit Eiswürfeln, Zitronenscheiben oder Minze und
evtl. Fruchtstücken servieren.

Kaffeesirup mit Gewürzen

⏱ 5 Minuten
Zutaten für 0,4 l

40 g Kaffeebohnen

1 Prise Zimtpulver

1 Kardamomkapsel

4 MB Wasser

250 g Zucker

1. Kaffeebohnen, Zimt und Kardamom in den Mixtopf geben und **30 Sek./ Stufe 10/mit MB** mahlen, umschütten.

2. Wasser hinzufügen, **10 Min./90 °C/Stufe 2.5/ohne MB** brühen.

3. Durch ein doppelt gelegtes, sauberes Geschirr- oder Mulltuch schütten. Mithilfe einer Küchenzange auspressen (sehr heiß!). Mixtopf gut ausspülen.

4. Kaffeekonzentrat wieder in den Mixtopf schütten, Zucker hinzugeben und **3 Min./Varoma/Stufe 1/ohne MB** rühren. Heiß abfüllen.

Nicht für Kinder unter 12 Jahren geeignet!

Dieser starke Sirup eignet sich sehr gut für kakaohaltigen Slush, in Eisschokolade und Eiskaffee sowie für Frappé. Verwenden Sie ihn aber auch tropfenweise für feine Eiskreationen und über Crêpes. Das Rezept für einen leckeren Kaffee-Slush finden Sie auf Seite 90.

LIMONADE

• • • • • • • • • • • • • • •

Fix im Thermomix® zubereitet, sind unsere selbst gemachten Limonaden einfach ein Genuss!

Je nachdem, wie kalt sie sein sollen, gibt man mehr oder weniger Eiswürfel hinzu. Diese kann man auch vorher im Mixtopf crushen: **10 Sek./Stufe 10/mit MB** hacken. Mit dem Spatel nach unten schieben und wiederholen, je nachdem, wie fein der Eisschnee sein soll. Länger kühlen jedoch ganze Eiswürfel.

Wie süß man es möchte, ist individuell je nach Geschmack verschieden: Passen Sie bitte die Rezepte nach Ihren Wünschen an.

Für eine Extrakühlung Wasser in Eiswürfelformen oder Eiswürfelbeuteln einfrieren. Am besten immer auf Vorrat einfrieren. Eiswürfel mit eingefrorenen Beeren (Himbeeren, Brombeeren, Heidelbeeren, kleine Erdbeeren, Johannisbeeren), Blüten (Rosenblätter, Gänseblümchen, Ringelblütenblätter, Holunderblüten) oder geschmacklich passenden Kräutern (Minze, Melisse, Basilikum, Thymian) sehen übrigens nicht nur sehr dekorativ aus, sondern schmecken auch gut in unseren Limonaden, Sommerdrinks und Bowlen!

Pfirsichlimonade

· ·

🕐 5 Minuten
Zutaten für 1 l

3 reife Plattpfirsiche
1 Spritzer Zitronensaft
Etwa 10 Minzblätter
1 Handvoll Eiswürfel
80–100 g Pfirsich-Zitronen-Sirup
   (siehe Seite 34)
0,7 l Mineralwasser, gut gekühlt

1. Pfirsiche waschen, schälen, Stein entfernen und Fruchtfleisch längs in Schnitze schneiden oder klein würfeln. In einen Limonadenkrug geben, Zitronensaft hinzugeben.

2. Minzblätter waschen, trockenschütteln.

3. Mit den Eiswürfeln in den Mixtopf geben. **10 Sek./Stufe 10/mit MB** hacken. Mit dem Spatel nach unten schieben und wiederholen.

4. Sirup dazugeben, **10 Sek./Stufe 4/mit MB** mischen.

5. In einen Krug umschütten, mit dem Mineralwasser auffüllen, wenn gewünscht nochmals mit Sirup nachsüßen und sofort servieren.

Kiwi-Grapefruit-Limonade mit Basilikum

⏱ 5 Minuten
Zutaten für 1,5 l

500 g Grapefruitsaft
1–2 MB Kiwisirup (siehe Seite 36)
1 l kaltes Wasser oder stilles Mineralwasser, gut gekühlt
ein paar Basilikumblätter
evtl. Eiswürfel

Statt Basilikum
schmeckt die Limonade
auch mit Minze oder Me-
lisse. Wer Lavendel mag,
gibt 3-5 Stängel Laven-
del mit Blüten dazu.

1. Grapefruitsaft, 1 MB Kiwisirup und Wasser im Mixtopf **10 Sek./Stufe 3/ mit MB** mischen.

2. In einen Krug gießen, Basilikumblätter hinzugeben und 10 Minuten kalt-stellen.

3. Nach Belieben mit Sirup nachsüßen und mit Eiswürfeln servieren.

Ingwer-Grüntee-Limonade

⏱ 5 Minuten
Zutaten für 0,4 l

200 g Wasser

2 TL grüner Tee

½ MB Ingwer-Zitronen-Sirup (siehe Seite 42)

6 Blätter Minze

200 g Eiswürfel

1. Wasser mit dem grünen Tee im Mixtopf **5 Min./80 °C/Stufe 1/ohne MB** erhitzen. Sirup dazugeben und **5 Sek./Stufe 2/ohne MB** mischen.

2. Minze in die Gläser geben, den Tee durch ein Sieb gefiltert daraufschütten.

3. Lauwarm oder auch abgekühlt und mit ein paar Eiswürfeln servieren.

Erfrischt und fördert die Konzentration; für Kinder unter 10 Jahren nicht empfohlen.

Schmeckt auch lecker mit Apfelsaft statt grünem Tee. Dann nur alles im Mixtopf **5 Sek./Stufe 5/mit MB** mischen und mit Eis auffüllen (vorher crushen, wenn gewünscht).

Die Minze kann auch durch ein paar gehackte Nadeln Rosmarin ersetzt werden.

Mandarinen-Minz-Limonade

🕐 **5 Minuten**

Zutaten für 1 l

1 MB Mandarinensirup (siehe
   Seite 43)

frische Minze

200 g Eiswürfel

0,7 l Mineralwasser, gut gekühlt oder

Orangensaft und Mineralwasser, 1:1
   gemischt

1. Sirup, Minze und Eiswürfel im Mixtopf **10 Sek./Stufe 10/mit MB** crushen. Mit dem Spatel nach unten schieben und wiederholen.

2. Mit Mineralwasser (oder Mineralwasser-Orangensaft-Mischung) aufgießen. In Gläser füllen und sofort servieren.

Zitronen-Honig-Drink

⏱ 5 Minuten

Zutaten für 1 l

2 Bio-Zitronen

1 MB flüssiger Honig oder Agavendicksaft

800 g gekühltes Mineralwasser

2 Stängel Minze

1. Zitronen heiß abwaschen, abtrocknen. ½ Zitrone in dünne Scheiben schneiden.

2. Die restlichen 1 ½ Zitronen vierteln und mit dem Honig in den Mixtopf geben. **8 Sek./Stufe 10/mit MB** hacken.

3. Mineralwasser dazugeben, **10 Sek./Stufe 3/mit MB** mischen.

4. Durch ein Sieb in Gläser oder einen Krug schütten. Zitronenscheiben und Minze hinzugeben, servieren.

Etwas bitter und eher
herb, erfrischt und
stärkt die Immunabwehr.

Wer es noch kälter
mag, ersetzt 1/3 des
Mineralwassers durch
Eiswürfel.

Kokos-Melonen-Drink

- -

🕐 **5 Minuten**
Zutaten für 1 l

½ Galiamelone, reif

400 g Eiswürfel

400 g Kokosmilch, 60 % Fett oder
   weniger

½ MB Limettensaft

½–1 MB Mandarinensirup (siehe
   Seite 43) oder Agavendicksaft

Varianten:

½ MB Ingwersirup einrühren.

Für eine alkoholische Variante lässt
   man den Sirup weg und gibt
   stattdessen 1 MB Orangenlikör
   und 2 MB weißen Rum mit dem
   Eis dazu.

1. Melone halbieren, Kerne mit einem Löffel herausschaben, Schale wegschneiden. Fruchtfleisch grob würfeln.

2. Eiswürfel im Mixtopf **10 Sek./Stufe 10/mit MB** hacken, mit dem
   Spatel nach unten schieben und wiederholen. Kokosmilchdose gut schüt-
   teln und öffnen. Kokosmilch und Melone in den Mixtopf geben, **10 Sek./
   Stufe 10/mit MB** hacken.

3. Limettensaft und Sirup oder Dicksaft hinzugeben und nochmals **10 Sek./
   Stufe 10/mit MB** mixen.

Melon Spritz

⏱ 5 Minuten
Zutaten für 1,1 l

500 g Melone (nach Belieben Wassermelone oder Zuckermelone)
1 Bio-Limette
½ MB Melonensirup (siehe Seite 52)
½ MB Zitronensaft
0,7 l Mineralwasser
ein paar Minzblätter zum Garnieren

1. Melone halbieren, Kerne mit einem Löffel herausschaben, Schale wegschneiden. Ein paar Melonenstücke zum Dekorieren beiseitelegen. 300 g
Fruchtfleisch würfeln und mindestens 5 Stunden einfrieren (die Würfel möglichst nebeneinanderlegen, damit sie einzeln entnommen werden können).

2. Die Limette abwaschen, abtrocknen und in dünne Scheiben schneiden.

3. Sirup, Zitronensaft und gefrorene Melonenstücke in den Mixtopf geben
und **10 Sek./Stufe 10/mit MB** hacken. Mit dem Spatel nach unten
schieben und wiederholen.

4. Mineralwasser einrühren und alles in ein Saftgefäß oder direkt in Gläser
füllen.

5. Mit den Limettenscheiben, Minzblättern und
beiseitegestellten Melonenstücken garnieren und
sofort servieren.

Rhabarber-Erdbeer-Sommergetränk

⏱ **5 Minuten**
Zutaten für 1 l

200 g Eiswürfel

300 g Apfelsaft, gut gekühlt

½ MB Rhabarber-Kirsch-Sirup (siehe
   Seite 27)

ein paar Blätter Minze (alternativ
   Melisse oder Basilikum)

200 g Erdbeeren, in Stücken

500 g Mineralwasser, gut gekühlt

1. Eiswürfel im Mixtopf **10 Sek./Stufe 10/mit MB** bzw. auf die gewünschte Größe hacken.

2. Apfelsaft und Sirup hinzugeben, **10 Sek./Stufe 10/mit MB** mixen, in Gläser verteilen oder in einen Limonadenkrug schütten.

3. Die Kräuter und die Erdbeerstücke dazugeben, mit dem Mineralwasser auffüllen.

Waldmeisterlimonade

⏲ 5 Minuten

Zutaten für 1 l

1 kleines Bund Waldmeisterkraut,
    1 Tag lang angewelkt
1 l Apfelsaft, klar
½ MB Waldmeistersirup (siehe
    Seite 28) (alternativ Zitronen- oder
    Orangensirup)
250 g Eiswürfel
0,7 l Mineralwasser

1. Waldmeister mit etwas Küchengarn zusammenbinden und kopfüber für 30 Minuten in den Apfelsaft hängen. Kraut herausnehmen.

2. Saft, Sirup und Eiswürfel in den Mixtopf füllen und **10 Sek./Stufe 10/ mit MB** mixen. Nach Belieben nachsüßen.

3. In einen großen Krug schütten, mit Wasser auffüllen und servieren.

Da Waldmeister den Wirkstoff Cumarin enthält, der bei langfristigem Verzehr leberschädigend ist und in hohen Dosen Kopfschmerzen auslösen kann, sollte man mit allen Waldmeistergetränken zurückhaltend sein: also bitte nicht mehr als 2–3 Gläser und nicht über einen längeren Zeitraum konsumieren!

Brombeerlimonade mit Chai-Sirup

⏱ 5 Minuten
Zutaten für 1,5 l

0,5 l Apfelsaft, gekühlt

½–1 MB Chai-Sirup (siehe Seite 50)

300 g Eiswürfel

150 g Brombeeren, frisch oder TK

0,7 l Mineralwasser, gut gekühlt

1. Apfelsaft, Sirup und Eiswürfel im Mixtopf **10 Sek./Stufe 10/mit MB** mischen.

2. Brombeeren hinzugeben, mit dem Spatel verrühren und in einen Limonadenkrug umschütten.

3. Mit Mineralwasser auffüllen und sofort servieren.

Basilikum-Limetten-Limonade

⏱ **5 Minuten**

Zutaten für 2,5 l

2 Bio-Limetten (alternativ Bio-Zitronen)

400 g Eiswürfel

1 MB Basilikumsirup (siehe Seite 32)

500 g Apfelsaft

1,5 l Mineralwasser, gut gekühlt

frische Basilikumblätter

1. Limetten heiß abwaschen und abtrocknen. In dünne Scheiben schneiden und in einen großen oder mehrere kleine Limonadenkrüge verteilen.

2. Eiswürfel und Basilikumsirup im Mixtopf **10 Sek./Stufe 10/mit MB** hacken. Mit dem Spatel nach unten schieben und wiederholen.

3. Apfelsaft dazugeben, **10 Sek./Stufe 4/mit MB** mischen.

4. In den Krug bzw. die Krüge umfüllen, mit dem Mineralwasser auffüllen, umrühren.

5. Basilikumblätter hinzufügen und servieren.

Leckerer Pfirsich-Eistee

⏱ 5 Minuten
Zutaten für 2,5 l

1 Bio-Zitrone
1 l Wasser
1 l Pfirsichnektar (alternativ Aprikosen-
  nektar)
½ MB Earl-Grey-Sirup (siehe Seite 54)
400 g Eiswürfel
etwas frische Minze

1. Zitrone abwaschen und abtrocknen. In dünne Scheiben schneiden und auf Gläser verteilen.

2. Wasser, Nektar und Sirup im Mixtopf **10 Sek./Stufe 6/mit MB** mischen, über die Zitronen schütten, dabei im Glas noch etwas Platz für die Eiswürfel lassen, die dann verteilt werden.

Pink-Grapefruit-Limonade mit Mandelsirup

⏱ 5 Minuten
Zutaten für 1,3 l

1 rosa Grapefruit mit essbarer Schale

2 Zweige Rosmarin

1 MB Mandelsirup (siehe Seite 35)

1 l Wasser, gut gekühlt

200 g Eiswürfel

1. Grapefruit abwaschen und abtrocknen. Vierteln und in Scheiben schneiden. Mit abgezupftem Rosmarin in einen Limonadenkrug geben.

2. Mandelsirup und Wasser im Mixtopf **10 Sek./Stufe 3/mit MB** mischen.

3. Eiswürfel hinzugeben und **10 Sek./Stufe 10/mit MB** mixen.

4. Über die Grapefruitscheiben schütten und sofort servieren.

Beerenlimonade mit Stevia

5 Minuten
Zutaten für 1,2 l

200 g Rote Johannisbeeren
200 g Erdbeeren (evtl. TK)
200 g Eiswürfel
2 Stängel Pfefferminze
700 g Wasser, sehr kalt
Steviasüße flüssig

1. Johannisbeeren und Erdbeeren im Garkorb mit Wasser abspülen. Johannisbeeren von den Stielen zupfen.

2. Beides in den Mixtopf schütten, Eiswürfel und abgezupfte Minzblätter hinzugeben und **30 Sek./Stufe 10/mit MB** mixen.

3. Wasser und ein paar Tropfen Stevia hinzufügen und nochmals **30 Sek./Stufe 10/mit MB** mischen.

4. Abschmecken, eventuell nachsüßen. Wer keine Kerne mag, filtert die Limonade durch ein Sieb direkt in einen Krug. Dann sofort servieren.

Himbeerlimonade mit Ingwer

⏱ 5 Minuten
Zutaten für 1 l

10 g Ingwer

1 MB Himbeersirup (siehe Seite 30)

Saft von ½ Zitrone

500 g Wasser, kalt

200 g Eiswürfel

200 g Himbeeren

1. Ingwer schälen und mit einer Reibe in den Mixtopf reiben. Himbeersirup, Zitronensaft und Wasser dazugeben, **10 Sek./Stufe 10/mit MB** hacken.

2. In Gläser füllen, die Eiswürfel und die verlesenen Himbeeren verteilen und servieren.

Limetten-Minz-Limonade

5 Minuten
Zutaten für 1 l

8 Stängel Pfefferminze (obere Triebspitzen verwenden, ca. 10 cm)

4 Limetten

300 g Eiswürfel

1 Prise Pfeffer

100 g Xylit

600 g Wasser, kalt

Statt Xylit kann man
auch Erythrit oder ein
paar Tropfen Flüssig-
stevia verwenden, oder
auch 1 MB von unserem
feinen Minzsirup (siehe
Seite 29)!

1. Minze abwaschen, 4 Stängel ganz lassen und auf Gläser verteilen, von den anderen die Blätter abzupfen und in den Mixtopf geben.

2. Limetten heiß abwaschen, auspressen. Limettensaft mit den Eiswürfeln, dem Pfeffer, dem Xylit und dem Wasser im Mixtopf **10 Sek./Stufe 3/ mit MB** mischen. In die Gläser verteilen.

Heidelbeer-Honig-Limonade

5 Minuten
Zutaten für 1 l

300 g Heidelbeeren

Saft von 1 Zitrone

1 Prise Zimtpulver

4 EL flüssiger Honig

500 g Wasser, kalt

8 Melissenblätter

200 g Eiswürfel

1. Heidelbeeren im Garkorb mit kaltem Wasser abspülen, etwa ¼ davon beiseitelegen.

2. Die restlichen Beeren mit dem Zitronensaft, dem Zimt und dem Honig in den Mixtopf geben und **20 Sek./Stufe 10/mit MB** mixen. Wasser hinzugeben und **2 Min./Stufe 4/mit MB** rühren, bis der Honig aufgelöst ist (evtl. 1 weitere Minute rühren).

3. Durch ein Sieb in Gläser schütten.

4. Die beiseitegelegten Beeren, Melissenblätter und Eiswürfel verteilen und servieren.

Wer den Fruchtrückstand mag, braucht ihn nicht herauszufiltern.

Statt Honig schmeckt auch Ahornsirup oder Apfeldicksaft sehr lecker.

Schwarze-Johannisbeer-Limonade

⏱ 5 Minuten
Zutaten für 1 l

3 Zweige Thymian

600 g Saft von Schwarzen Johannisbeeren

Saft von 1 Zitrone

½–1 MB Agavendicksaft oder
50–80 g brauner Rohrohrzucker

400 g Eiswürfel

1. Thymian und Johannisbeersaft im Mixtopf **10 Min./Stufe 3/mit MB** rühren.

2. Zitronensaft und Agavendicksaft oder Zucker hinzugeben und **1 Min./Stufe 3/mit MB** auflösen.

3. Durch ein Sieb in einen Limonadenkrug filtern, mit Eiswürfeln auffüllen und servieren.

Kirsch-Erdbeer-Limonade mit Kick

🕐 **5 Minuten**
Zutaten für 1 l

200 g Erdbeeren
10 Blätter Melisse
1 Bio-Limette
700 g Kirschsaft
½ MB Holunderblütensirup (siehe
    Seite 14) oder flüssiger Blütenhonig
200 g Eiswürfel

1. Erdbeeren im Garkorb mit Wasser abspülen, Grünes entfernen und die Beeren in Scheiben schneiden. In einen Limonadenkrug schütten.

2. Melissenblätter grob zerzupfen und dazugeben.

3. Limette auspressen. Saft mit Kirschsaft, Sirup (oder Honig) und Eiswürfeln im Mixtopf **20 Sek./Stufe 3/mit MB** mischen. In den Limonadenkrug gießen und sofort servieren.

SLUSH

• • • • • • • • •

Als Slush, Slushy oder Slushie bezeichnet man ein Eisgetränk aus Crushed Ice, Zucker(sirup), Fruchtsaft oder Fruchtauszügen und nach Belieben pürierten Früchten – man kann es also durchaus als Wassereis bezeichnen. Vor allem in den USA und Großbritannien sind Slushes nicht nur im Sommer ein beliebtes Erfrischungsgetränk und finden sich auf vielen Speisekarten von Imbissen wie auch Restaurants. Besonders Kinder sind ganz verrückt danach!

Sie wollen Zucker nur in gelöster Form dazugeben? Da kommen unsere leckeren selbst gemachten Sirupe wieder ins Spiel. Aber auch Agavendicksaft, Apfelsüße, Ahornsirup oder flüssiger Honig eignen sich zum Süßen. Wer es gar nicht so süß mag, kann auch nur guten Saft, etwas Früchte und Eis miteinander mixen.

Figur- und zahnfreundlicher wird der Slush mit Sirup auf Xylit- oder Erythritbasis oder auch mit Steviasüße, am besten in der flüssigen Variante.

Kühlen Sie den Mixtopf mit eiskaltem Wasser vor, das verzögert das Schmelzen der Eiskristalle. Den fertigen Slush dann zügig in Gläser verteilen und servieren.

Für Wein-Slushes trockenen, frischen Weißwein (wie Grüner Veltliner, Chardonnay, Sauvignon Blanc), eventuell 1:1 mit Wasser verlängert, in möglichst kleinen Eiswürfelformen einfrieren und statt der »einfachen« Eiswürfel verwenden – aber Achtung, natürlich nicht für Kinder!

Die allereinfachste Variante aller Slushes: Man nehme Eiswürfel und Sirup in beliebiger Menge und crushe das Ganze dann so lange im Mixtopf, bis es eine leicht schneeartige oder etwas gröbere (wenn bevorzugt) Konsistenz erreicht. Sofort mit Löffel oder Strohhalm servieren.

Kiwi-Slush

🕐 **5 Minuten**

Zutaten für 0,5 l

250 g Kiwis

300 g Eiswürfel

Saft von ½ Zitrone

4 EL Kiwisirup (siehe Seite 36) oder
   Agavendicksaft

Variante:

Wer mag, ersetzt die Eiswürfel aus
   Wasser durch solche aus Orangensaft.

1. Kiwis schälen, halbieren und vierteln.

2. Eiswürfel im Mixtopf **10 Sek./Stufe 10/mit MB** hacken. Mit dem Spatel nach unten schieben und wiederholen. Zitronensaft, Kiwis und Kiwi-sirup hinzugeben und alles **30 Sek./Stufe 10/mit MB** mixen.

3. Sofort servieren.

Blaubär-Slush

Zutaten für 1 l

300 g Heidelbeeren, gefroren

300 g Brombeeren, gefroren

0,4 l Apfelsaft, eisgekühlt

Sirup oder Stevia nach Belieben

Variante:

Wer mag, gibt noch ein paar Minzblätter und den Saft von ½ Zitrone
dazu.

Mit frischen Früchten
dekoriert ist dieser
Slush auch ein optischer
Genuss!

1. Gefrorene Früchte im Mixtopf **10 Sek./Stufe 10/mit MB** mixen. Mit dem Spatel nach unten schieben, nochmals **10 Sek./Stufe 10/ mit MB** hacken.

2. Apfelsaft und Sirup hinzugeben und **30 Sek./Stufe 10/mit MB** mixen.

3. In Gläser oder einen Krug schütten und servieren.

Red Melon Wassermelonen-Slush

🕐 **5 Minuten**

Zutaten für 0,75 l

½ Wassermelone (500 g Fruchtfleisch)

½ MB Zitronensaft

250 g Roséwein, eisgekühlt

2 EL Agavendicksaft oder etwas
Flüssigstevia

nach Belieben ein paar Blätter frische
Minze

Variante:
Wein durch roten Saft ersetzen.

1. Die Wassermelone in Stücke schneiden, Kerne entfernen. Mit dem Zitronensaft in den Mixtopf geben und **10 Sek./Stufe 10/mit MB** hacken.
Das Püree in möglichste kleine Eiswürfelformen füllen (oder Eiswürfelbeutel
benutzen) und mindestens 6 Stunden einfrieren.

2. Dann in den Mixtopf geben und **10 Sek./Stufe 10/mit MB** crushen.
Mit dem Spatel nach unten schieben und wiederholen.

3. Roséwein, Dicksaft oder Stevia dazugeben und **20 Sek./Stufe 10/
mit MB** mixen.

4. Nach Belieben süßen und in Gläser füllen, Minze hinzugeben und sofort
servieren.

Miss Sophies Weißwein-Slush

🕐 **5 Minuten**
Zutaten für 1,25 l

300 g gefrorene Erdbeeren

300 g gefrorene Mangowürfel

0,75 l Weißwein (Chardonnay,
Sauvignon Blanc, Grüner Veltliner),
eisgekühlt

1. Früchte im Mixtopf **10 Sek./Stufe 10/mit MB** hacken. Mit dem Spatel nach unten schieben und wiederholen.

2. Weißwein hinzugießen und **30 Sek./Stufe 10/mit MB** mixen.

3. In Gläser oder einen Krug schütten und servieren.

Für eine besonders schöne Optik mixt man die Früchte separat: Erdbeeren mixen, eine Hälfte vom Wein zugeben, mixen, halbhoch in Gläser füllen. Dann die Mangos mixen, andere Hälfte vom Wein zugeben, mixen, über die Erdbeerschicht gießen – fertig ist ein besonders anspre-chender Drink!

Milky Himbeer-Slush

5 Minuten
Zutaten für 1,2 l

400 g Milch

300 g Himbeeren, gefroren

1 MB Sahne, eiskalt

3 MB Wasser oder Apfelsaft

75 g Sirup (Agavendicksaft oder
  Himbeersirup (siehe Seite 30))
  oder einige Tropfen Flüssigstevia

Melisse zum Garnieren

1. Milch in Eiswürfelformen mindestens 6 Stunden einfrieren.

2. Milcheiswürfel und gefrorene Himbeeren im Mixtopf **15 Sek./Stufe 10/ mit MB** hacken. Mit dem Spatel hinunterschieben.

3. Sahne, Wasser (oder Saft) und Sirup hinzugeben, alles im Mixtopf **30 Sek./ Stufe 10/mit MB** mixen (evtl. den Spatel dabei zu Hilfe nehmen).

4. Nach Geschmack nachsüßen (oder Stevia eintropfen), nochmals mischen.

5. In Gläser füllen, mit Melisse garnieren und genießen!

Feiner Mango-Slush

🕐 **5 Minuten**

Zutaten für 0,8 l

1 reife Mango, gekühlt

300 g Eiswürfel

2 EL Zitronensaft

2 MB Orangensaft, eiskalt

1. Die Mango schälen, Fruchtfleisch vom Kern abschneiden, in den Mixtopf geben.

2. Eiswürfel zuwiegen und **10 Sek./Stufe 10/mit MB** hacken. Mit dem Spatel nach unten schieben und wiederholen.

3. Zitronen- und Orangensaft zuschütten und **20 Sek./Stufe 10/mit MB** mixen.

4. In Gläser verteilen und sofort servieren.

Orangen-Gewürz-Slush

⏱ **5 Minuten**

Zutaten für 0,8 l

½–1 MB Anis-Zitronen-Sirup (siehe Seite 53)

800 g Orangensaft

1. Orangensaft in möglichst kleine Eiswürfelformen gießen und mindestens 6 Stunden einfrieren. Dann mit dem Sirup im Mixtopf **10 Sek./Stufe10/mit MB** mixen. Mit dem Spatel nach unten schieben, nochmals **15 Sek./Stufe 10/mit MB** mixen.

2. In Gläser verteilen und sofort servieren.

Lieblings-Slush mit Kirschen

5 Minuten

Zutaten für 0,8 l

300 g Kirschen
400 g Eiswürfel
1 MB Sauerkirschsirup (siehe
    Seite 31)
1 MB Apfelsaft
ein paar Blätter Zitronenmelisse
    zum Dekorieren

1. Kirschen in den Garkorb schütten, mit Wasser abspülen, abtropfen lassen und entsteinen.

2. Eiswürfel im Mixtopf **10 Sek./Stufe 10/mit MB** hacken, mit dem Spatel nach unten schieben und wiederholen.

3. Kirschen, Sirup und Apfelsaft in den Mixtopf geben und alles **20 Sek./Stufe 10/mit MB** crushen.

4. Mit der Zitronenmelisse garniert servieren.

Wake me up Kaffee-Slush

🕐 **5 Minuten**
Zutaten für 0,6 l

300 g Eiswürfel

1 TL Vanillezucker

½ MB Kaffeesirup (siehe Seite 56)

1 MB kalter Kaffee

Variante:

Wer es gerne cremiger mag, ersetzt
die Hälfte der Wassereiswürfel durch
Eiswürfel aus Milch oder Pflanzen-
milch.

1. Eiswürfel, Vanillezucker und Sirup im Mixtopf **10 Sek./Stufe 10/mit MB** mixen. Mit dem Spatel nach unten schieben.

2. Kaffee hinzugeben und nochmals **15 Sek./Stufe 10/mit MB** mixen. In Gläser füllen und sofort servieren.

Schokoschmecker-Slush

🕐 5 Minuten
Zutaten für 0,5 l

200 g Himbeeren, gefroren
2 ½ MB Traubensaft (am besten
   Direktsaft), eisgekühlt
2 EL flüssiger Honig
100 g Schokoladeneis
Zum Verzieren:
ein paar Himbeeren auf die Seite
   legen oder frische verwenden
etwas Schokolade zum Rraspeln

Variante:

Für eine alkoholische Variante
   ersetzen Sie den Traubensaft durch
   trockenen Rotwein und den Honig
   durch einen kleinen Schuss Kara-
   melllikör, Kokoslikör oder Eierlikör.

1. Himbeeren im Mixtopf **10 Sek./Stufe 10/mit MB** mixen. Mit dem Spatel nach unten schieben.

2. Saft, Honig und Schokoladeneis hinzugeben und **30 Sek./Stufe 10/mit MB** mixen.

3. In Gläser füllen, mit Himbeeren und Schokoladenraspeln bestreuen und genießen!

Red Fire Hibiskus-Wein-Slush

🕐 **5 Minuten**

Zutaten für 1,3 l

400 g Eiswürfel

120–150 g Hibiskusblütensirup (siehe Seite 25)

0,7 l Roséwein, trocken, eisgekühlt

Varianten:

Wenn der Slush »gehaltvoller« sein soll, gibt man noch einen guten Schuss Cassislikör, Limoncello oder Grand Marnier hinzu.

Wer es noch fruchtiger mag, gibt dem Eis zu Beginn 150 g gefrorene Himbeeren zu und mixt diese mit.

Eine leckere alkoholfreie Variante, die auch Kinder gerne mögen: Den Wein durch 5 MB kaltes Wasser und 2 MB gekühlten roten Traubensaft ersetzen.

1. Eiswürfel im Mixtopf **10 Sek./Stufe 10/mit MB** hacken. Mit dem Spatel nach unten schieben und wiederholen.

2. Sirup und Wein hinzugeben und nochmals **20 Sek./Stufe 10/mit MB** mixen. In Gläser oder einen großen Krug füllen und sofort genießen!

Erdbeer-Minz-Slush

🕐 **5 Minuten**
Zutaten für 0,8 l

500 ml Roter-Johannisbeer-Saft
300 g Erdbeeren
1 MB Minzsirup (siehe Seite 29)
   (alternativ Agavendicksaft oder
   flüssige Apfelsüße)
ein paar Blätter Melisse oder Minze
   zum Dekorieren

1. Johannisbeersaft in möglichst kleinen Eiswürfelformen mindestens 6 Stunden einfrieren.

2. Erdbeeren in den Garkorb schütten, mit Wasser abspülen, abtropfen lassen und putzen.

3. Die Johannisbeer-Eiswürfel im Mixtopf **10 Sek./Stufe 10/mit MB** hacken, mit dem Spatel nach unten schieben und wiederholen.

4. Erdbeeren und Sirup hinzugeben und **20 Sek./Stufe 10/mit MB** crushen. In Gläser füllen, Kräuter daraufsetzen und sofort servieren.

Bildnachweis

S. 25, 35, 52, 53, 56, 80, 84, 90, 91, 92: Elisabeth Engler; S. 15: annalovisa/istockphoto.com; S. 17: Kitty Bern/shutterstock.com; S. 19: Reschme/shutterstock.com; S. 21: fotohunter/shutterstock.com; S. 23: nednapa/shutterstock.com; S. 24: KariDesign/shutetrstock.com; S. 26: Agnes Kantaruk/shutterstock.com; S. 27: KariDesign/shutterstock.com; S. 28: aliasemma/shutterstock.com; S. 29: Magnago/shutterstock.com; S. 30: 5PH/shutterstock.com; S. 31: Edith Frincu/shutterstock.com; S. 32: amixstudio/shutterstock.com; S. 33: motorolka/shutterstock.com; S. 36: Liliya Kandrashevich/shutterstock.com; S. 37: Artem Shadrin/shutterstock.com; S. 38: Ildi Papp/shutterstock.com; S. 39: Oleksandra Naumenko/shutterstock.com; S. 41: istetiana/shutterstock.com; S. 42: IngridHS/shutterstock.com; S. 43: contrse/shutterstock.com; S. 44: osov/shutterstock.com; S. 47: Natalia Wimberley/shutterstock.com; S. 48: Natalia von Doninck/shutterstock.com; S. 49: Liv friis-larsen/shutterstock.com; S. 51: Dar1930/shutterstock.com; S. 55: Joshua Resnick/shutterstock.com; S. 58: Karaidel/shutterstock.com; S. 59: 5PH/shutterstock.com; S. 61: Oxana Denezhkina/shutterstock.com; S. 62: Liliya Kandrashevich/shutterstock.com; S. 63: Olga Miltsova/shutterstock.com; S. 65: MariaKovaleva/shutterstock.com; S. 66: Africa Studio/shutterstock.com; S. 67: Nitr/shutterstock.com; S. 68: Birgit Reitz-Hofmann/shutterstock.com; S. 69: zarzamora/shutterstock.com; S. 70: Liliya Kandrashevich/shutterstock.com; S. 71: Elena Veselova/shutterstock.com; S. 72: Sea Wave/shutterstock.com; S. 73: kuvona/shutterstock.com; S. 74: graphia/shutterstock.com; S. 75: Josie Grant/shutterstock.com; S. 76: Julia Sudnitskaya/shutterstock.com; S. 77: Chiociolla/shutterstock.com; S. 78: sarsmis/shutterstock.com; S. 81: Olga Lyubkin/shutterstock.com; S. 83: ziashusha/shutterstock.com; S. 85: Wild Drago/shutterstock.com; S. 86: stockcreations/shutterstock.com; S. 87: al1962/shutterstock.com; S. 89: Africa Studio/shutterstock.com; S. 93: Chiociolla/shutterstock.com

Weitere Titel der Reihe

Jeweils 96 Seiten – 9,99 € (D) – 10,30 € (A)

riva

Interessieren Sie sich für Kochbücher für den Thermomix?

Tragen Sie sich jetzt unter www.m-vg.de/thermomix für unseren Newsletter ein und erhalten Sie zu neuen Veröffentlichungen Leseproben und kostenlose Rezepte!